AF313612

Feuillets d'histoire

LA SUPÉRIORITÉ

DE LA

Notation musicale usuelle

AVOUÉE

PAR M. LE DOCTEUR

ÉMILE CHEVÉ

IMPUISSANCE DU CHIFFRE

PROCLAMÉE PAR

J.-J. ROUSSEAU, GALIN, AIMÉ LEMOINE, ÉDOUARD JUE, ÉMILE CHEVÉ, ETC.,

avec un fac-simile de l'écriture de Galin

OBSERVATIONS LUES A LA SOCIÉTÉ POUR L'INSTRUCTION ÉLÉMENTAIRE
dans sa séance du mercredi soir, 18 juin 1862, quai Malaquais, 3
et en présence de M. Aimé PARIS et de ses partisans

PAR

N. COLLET

> «..... Quant aux instruments à cordes ou à
> vent, etc...., le chiffre ne leur convient pas
> du tout, il est absolument mauvais. »
>
> Émile CHEVÉ (38e lettre sur la musique.)
> Le *Franc-Juge*, 5 janvier 1851.

> « Il y aurait du reste PEU *de chose* à faire
> pour rendre *excellents* les signes de la portée
> musicale. »
>
> Émile CHEVÉ (*Méthode élémentaire de
> musique vocale*, page 20, 1844).

PARIS

SE TROUVE CHEZ PERROTIN, LIBRAIRE-ÉDITEUR

41, RUE DE LA FONTAINE-MOLIÈRE

1865

LA SUPÉRIORITÉ

DE LA

Notation musicale usuelle

AVOUÉE

PAR M. LE DOCTEUR

ÉMILE CHEVÉ

IMPUISSANCE DU CHIFFRE

PROCLAMÉE PAR

J. ROUSSEAU, GALIN, AIMÉ LEMOINE, ÉDOUARD JUE, ÉMILE CHEVÉ, ETC.,

Avec un fac-simile de l'écriture de Galin

OBSERVATIONS LUES A LA SOCIÉTÉ POUR L'INSTRUCTION ÉLÉMENTAIRE

dans sa séance du mercredi soir, 18 juin 1862, quai Malaquais, 3
et en présence de M. Aimé Paris et de ses partisans

PAR

N. COLLET

« ..... Quant aux instruments à cordes ou à
« vent, etc...... le chiffre ne leur convient pas
« du tout, il est absolument mauvais. »
    Émile CHEVÉ (38e Lettre sur la musique.)
      Le *Franc-Juge*, 5 janvier 1851.

« Il y aurait du reste PEU *de chose* à faire
« pour rendre *excellents* les signes de la portée
« musicale. »
    Émile CHEVÉ (*Méthode élémentaire de
    musique vocale*, page 26, 1844).

PARIS

SE TROUVE CHEZ PERROTIN, LIBRAIRE-ÉDITEUR

41, RUE DE LA FONTAINE-MOLIÈRE

1863

SOMMAIRE ET TABLE DES MATIÈRES.

PRÉFACE

———

Au commencement de l'année 1862, la *Société pour l'Instruction élémentaire* annonça qu'elle ouvrait des *conférences* sur l'enseignement de la musique et elle invitait les musiciens auteurs de méthodes à venir exposer leurs systèmes. Plusieurs personnes répondirent à cet appel ; M. Aimé Paris fut l'un de ceux-ci ; trois séances (mars, avril et mai) furent employées par lui, à l'exposition de ce qu'il appelle la méthode : *Galin-Paris-Chevé.*

Inscrit pour combattre le système de MM. Aimé Paris et Émile Chevé, j'occupai la séance du 18 juin 1862.

Je lus à cette séance le travail que je vais reproduire ci-après, devant un auditoire nombreux où se trouvaient notamment M. A. Paris, Mme Émile Chevé, M. A. Chevé fils, et bon nombre d'élèves et de partisans de l'école dite : *Galin-Paris-Chevé.*

Cette conférence du 18 juin, fut la dernière consacrée à la question musicale.

Je profiterai de la circonstance pour y joindre quelques documents pleins d'intérêt que je n'avais pas alors à ma disposition.

OBSERVATIONS

LUES

A LA SOCIÉTÉ

POUR

l'Instruction élémentaire

DANS SA SÉANCE DU 18 JUIN 1862.

Messieurs,

Je n'ai pu assister qu'à la dernière des trois séances consacrées par votre Société à l'exposition des méthodes d'enseignement élémentaire de la musique. Je crois pourtant être en mesure de vous fournir sur ce point quelques renseignements utiles, notamment sur la méthode dite : *Galin-Paris-Chevé* qui vous a été présentée comme un moyen d'une merveilleuse puissance.

§ 1.

Abandon du chiffre par les professeurs.

On vous a dit, Messieurs, qu'un certain nombre de professeurs avaient abandonné la méthode de M. et Mᵐᵉ Chevé, après l'avoir pratiquée pendant un temps plus ou moins long.

Ce fait a été contesté par des amis de M. Chevé; ils ont affirmé que, parmi les professeurs, reconnus comme tels aujourd'hui par les directeurs de cette méthode, aucun n'avait renoncé à son drapeau; et l'on vous a cité quelques noms, *cinq* ou *six* tout au plus, si je ne me trompe.

Qu'il y ait encore en ce moment quelques professeurs attachés à cet enseignement, c'est ce que je ne veux contester en aucune façon; combien de temps y resteront-ils encore? Voilà la question. Mais, d'un autre côté, il est tout aussi incontestable que la méthode en chiffres a été effectivement abandonnée par un grand nombre de personnes qui l'avaient adoptée d'abord avec enthousiasme. Quelques détails vont vous prouver, Messieurs, que cet argument est beaucoup plus grave qu'on ne pourrait le croire au premier abord.

Prenons d'abord les faits qui se sont passés, sous vos yeux même, à Paris et dans sa banlieue. Vous n'ignorez pas, Messieurs, le soin tout particulier que prennent les *Frères des Écoles chrétiennes* pour perfectionner leurs modes d'enseignement, en général; et bien, voici ce qui leur est arrivé.

Les Frères des Écoles chrétiennes. — En 1846, M. Chevé, lui-même, commença un cours de musique d'après sa méthode, dans le *demi-pensionnat* des Frères, rue des Francs-Bourgeois, n° 10, à Paris [1]. Il y fut remplacé plus tard par son fils. L'enseignement musical comprenait alors la classe *primaire* et la classe *secondaire*. Mais, vers 1850, M. Chevé fils abandonna aussi l'enseignement dans cette maison, et l'application de la méthode en chiffres fut considérablement restreinte; aussi, un journal de musique, inexactement informé, annonça-t-il, en 1859, que l'enseignement du chiffre n'était plus pratiqué dans cette maison.

M. Chevé obtint alors et publia dans son journal (*la Réforme musicale*) une lettre qui contredisait cette assertion, et affirmait, au contraire, que l'enseignement du chiffre se pratiquait toujours dans le *demi-pensionnat* de la rue des Francs-Bourgeois.

L'assertion du journal et celle du signataire de la lettre, n'étaient ni complétement vraies ni complétement fausses; voici, en effet, ce qui était arrivé.

L'enseignement du chiffre se trouvait restreint à la *troisième classe* seulement, celle des petits enfants; donc le journal en question avait eu raison de voir là un abandon réel de la méthode, quoiqu'il n'eut pas suffisamment précisé son allégation; et, d'un autre côté, le signataire de la lettre sollicitée par M. Chevé, avait

---

[1] C'est là que, conduit par M. Chevé, j'assistai pour la première fois à l'une de ses leçons, dans le courant de juillet 1847.

eu le tort de donner à sa dénégation un caractère trop général, qui faisait entendre autre chose que ce qui était réellement vrai.

Aujourd'hui, Messieurs, l'abandon est absolu, complet ; *la musique en chiffres n'est plus enseignée dans aucune des classes de cette maison;* une tentative récente de M. Chevé n'a pu l'y rétablir.

Or, on ne saurait taxer de légèreté les directeurs de l'établissement ; c'est après plusieurs années de pratique, que ce mode d'enseignement est restreint d'abord à des proportions minimes; c'est après plusieurs autres années de pratique et d'expérimentation que l'enseignement restreint a été définitivement repoussé.

J'ajouterai que l'admission de l'enseignement du chiffre dans le *demi-pensionnat* avait évidemment eu pour but de l'expérimenter sérieusement, puisque jamais il n'a été admis dans le pensionnat de Passy, dirigé par les Frères, maison d'une grande importance, soit au point de vue des études, soit au point de vue du personnel, qui s'élève jusqu'au nombre de huit ou neuf cents élèves ; puisque, d'une autre part, nous allons voir ce même enseignement disparaître successivement de toutes les autres maisons des Frères où il s'était introduit. La résolution de l'Institut des Frères des Écoles chrétiennes a donc tous les caractères d'un jugement définitif rendu après mûre délibération.

Ce fait est très-significatif aux yeux de toutes les personnes qui connaissent la sage, la prudente et intelligente direction de l'*Institut des Frères;* il est d'autant plus significatif, que l'homme qui dirigeait précédemment le *demi-pensionnat* de la rue des Francs-Bourgeois, est, aujourd'hui, pour ainsi dire, à la tête de la communauté, en sa qualité d'*assistant* du supérieur général de l'Ordre.

Le chiffre était enseigné depuis longtemps déjà, dans l'école libre de la paroisse Saint-Thomas-d'Aquin, dite : *École Saint-Guillaume,* dirigée par les *Frères.* On a remercié M. H..., professeur du chiffre, et l'on est revenu à la méthode ancienne.

Au Gros-Caillou, rue Saint-Dominique, *encore chez les Frères,* dans une école libre, le *chiffre et* M. H...[1] qui le professait, ont été remplacés par M. Delafontaine et par la méthode usuelle.

Dans une maison *dirigée par les Frères,* rue de l'Arbalète, la musique était professée par M. Delafontaine, d'après la méthode usuelle; l'enseignement du chiffre vint s'offrir *gratuitement*[2]; le directeur de la maison accepta, par économie, et remercia M. Delafontaine, auquel il tenait pourtant beaucoup. Au bout d'un an le chiffre se lassa de la gratuité; il réclama les appointements accordés à l'ancien professeur. Le directeur, *jurant, mais un peu tard, qu'on ne l'y prendrait plus...* s'empressa de redemander M. Delafontaine; celui-ci, n'étant plus libre, le cours fut confié à M. Péron qui reprit la méthode usuelle.

Établissements divers. — J'ai moi-même, pendant neuf années, professé l'enseignement du chiffre, soit dans les écoles communales de *Bercy* et de *La Chapelle Saint-Denis;* soit à *Croissy,* le jour pour les enfants et le soir pour les adultes; soit à l'Institution Loubens, rue du Rocher; soit à l'Institution Tuffier, faubourg Saint-Honoré; soit dans plusieurs externats de Paris; soit enfin, pour les *Frères* eux-mêmes, à la communauté de la rue de Fleurus.

L'annexion des communes de Bercy et de La Chapelle à la ville de Paris, a tout naturellement amené la suppression du chiffre dans ces communes, il n'y a pas d'argument à en tirer. Mais quant aux autres endroits, l'enseignement du chiffre, *toléré* tant que je l'ai donné moi-même, a été rejeté absolument lorsqu'en 1854, j'ai dû quitter ces divers établissements; tous, alors, sont retournés à la notation usuelle.

D'autres exemples d'abandon vont venir confirmer ceux qui précèdent.

La maison Favart, rue Saint-Antoine, avait pendant deux années, reçu l'enseignement du chiffre par un professeur qui y mettait autant de zèle que d'intelligence. Ce professeur, M. J. Di-

---

[1] M. H..., présent à la séance, m'interrompit à ce moment pour proclamer les heureux résultats obtenus, selon lui, dans ces deux établissements; il paraît que les directeurs pensaient tout autrement que lui.

[2] M. Delafontaine qui se trouvait parmi les auditeurs, m'interrompit par une énergique affirmation de ce fait.

vis, a quitté la maison, par des raisons d'intérêt privé, et *l'enseignement du chiffre a disparu* avec lui, pour être remplacé par la notation usuelle.

M. *L. Roger*, musicien intelligent, qui rédige le journal de M. Chevé (*la Réforme musicale*), a tenté d'ouvrir des cours de musique *en chiffres*, rue de la Tour-d'Auvergne; il y a bientôt renoncé, et ce n'est pas, sans doute, à cause du nombre trop considérable de ses élèves.

M. *A. Paris* lui-même, dont personne ne saurait méconnaître l'expérience, à ce point de vue, a ouvert des cours de musique *en chiffres*, à la salle Beethoven et n'a pu les continuer, probablement par les mêmes raisons que M. Roger.

M. *Lambert*, instituteur, fondateur d'une société chorale à Argenteuil, qui tout d'abord s'était déclaré *partisan absolu du chiffre*, a *restreint l'usage de ce moyen* à des proportions minimes.

Dans l'asile Fénelon, à Vaujours, *le chiffre* enseigné par M. Roncin, a fait place à l'enseignement usuel.

A l'Intérieur de Marie, couvent de religieuses, à Montrouge, *le chiffre* enseigné d'abord par M. Blancheteau, fut abandonné par lui, pour être remplacé par la notation usuelle.

Au petit séminaire, dit : *Collège de Versailles*, rue de Pontoise, à Paris, le cours de *musique en chiffres* a été remplacé par l'enseignement usuel.

Aux Batignolles, M. Paris d'abord, puis M. Vialay et enfin M. Morel ont successivement travaillé à l'enseignement *du chiffre* et à l'organisation d'une société chorale; tout cela avait cessé d'exister bien avant l'annexion de cette commune à Paris.

Enfin, *l'enseignement du chiffre* a été florissant à diverses époques, dans les localités suivantes, en reste-t-il quelques traces aujourd'hui ?

En 1847 à	*Villeneuve-la-Guyard.*	professeur :	MM. Lorillon.
1848	*Paris*, rue du Bac.	»	Meyer.
	Thiers.	»	Guyonin.
1849	*Gaillefontaine.*	»	Boucherot.
	Angers.	»	Bélanger.
	Caen.	»	A. Paris.

1850	id.	. . . .	»	Delarue.
Après 1850	id.	. . . .	»	Vasse.
En 1850	à Rennes.	. . . . . .	»	Detranchant.
	Bourmont.	. . . . .	»	Groslin, fils.
	Troyes.	. . . . . .	»	Jaillon.
1851	Rouen.	. . . . . .	»	Rama, Nourit.
	Luçon.	. . . . . .	»	Brillouet.
1852	Cognac.	. . . . . .	»	Vasse.
	Paris.	. . . . . .	»	Lussy.
1853 au 4e rég. d'Infanterie légère.			»	Viala.
	à Chavagnes.	. . . . .	»	Brillouet.
	Pont-Croix.	. . . . .	»	Saleun.
1854	Lille.	. . . . . .	»	Danel.
1855	Angoulême.	. . . . .	»	Vasse.
	Guémenée.	. . . . .	»	Alanic fils.
	Vernon (Eure).	. . . .	»	Lefebvre.
	à la maîtrise de Bonne-Nouvelle.		»	Chevé, fils.
1857 à Sainte Barbe. École préparatoire.		. . . .	»	Chevé, père.

Que sont devenus l'enseignement et la pratique des chiffres dans
les villes suivantes où il brilla pendant quelques temps, et dans
lesquelles il n'y a plus aujourd'hui ni sociétés chorales ni cours
publics de musique chiffrée?

Amiens.	Châlons.	Loudun.	Saint-Claude.
Asnières (Seine).	Colombes.	Mareilly.	Sceaux.
Bayeux.	Commercy.	Mezin.	Soissons.
Blois.	Condom.	Nogent-le-Rotrou.	Tinchebray.
Bougival.	Courbevoie.	Poitiers.	Tournus.
Bourg.	Croissy.	Pont-de-Vaux.	Tours.
Cambray.	Déville-lès-Rouen.	Pondensac.	Tulle.
Carrières-s-Poissy.	Gaillon.	Pontoise.	Vendays.
Cateau.	La Rochelle.	Rueil.	Verdun.
Cette.	Lectoure.	Saint-Dié.	Villiers-le-Bel.
Chatou.	Loches.	Saint-Dizier.	Villefranche. [1]

Qu'a produit, enfin, l'enseignement *du chiffre à Brest*, ville
natale de M. Chevé, qui, depuis 1850, a fait plusieurs voyages et
d'incroyables efforts pour l'y établir en y organisant divers cours?

Vous le voyez, Messieurs, *les faits d'abandon* sont *nombreux et
considérables.*

---

[1] Il est bien entendu que dans des citations de ce genre rien ne saurait être absolu; en effet, ce qui n'existe pas là aujourd'hui peut y exister demain et réciproquement.

§ 2.

Résultats pratiques de l'enseignement du chiffre.

A Paris. — Examinons quels sont, dans Paris même, les succès de M. Chevé, le seul professeur qui ait pu maintenir son enseignement, au milieu d'une population de deux millions d'habitants.

C'est vers 1844 que M. Chevé a commencé son professorat, il y a donc aujourd'hui 18 ans (en 1862.)

En 1856, M. Chevé avait déjà formé successivement *vingt mille* élèves; c'est lui-même qui nous l'apprend, page 16 de sa brochure intitulée : *Appel au Pouvoir*, datée de novembre 1856. Vingt mille élèves formés de 1844 à 1856, c'est-à-dire en douze ans, donnent une moyenne qui approche de *deux mille* par année.

Les cours de M. Chevé sont aujourd'hui, dit-on, plus florissants que jamais. Il a donc dû, de 1856 à 1862, former chaque année un égal nombre d'élèves; soit, au moins, *dix mille*, et le nombre total doit atteindre aujourd'hui, pour Paris seulement, le chiffre de *trente mille*.

Sur ce nombre énorme d'élèves, combien M. Chevé en a-t-il pu grouper autour de lui pour former la société chorale qu'il dirige?

Nous prendrons la réponse dans une publication officielle, toute récente de M. Chevé, le *Bulletin de la Société de Patronage*, n° 1, pages 9 et suivantes, voici ce qu'on y lit :

« Chaque mois, depuis le 25 décembre 1850, c'est-à-dire 12
» fois par an, *un examen* a lieu pour la réception de nouveaux
» sociétaires..... Sont admis à faire partie de la Société *ceux qui*
» *lisent convenablement* une dizaine d'airs que l'on prend au ha-
» sard dans un recueil de 800 airs. Ceux qui *ne peuvent pas lire*[1]
» sont ajournés..... »

A la page 10 nous voyons que le personnel de la Société se

---

[1] Il parait que tout le monde n'apprend pas aussi vite que M. Chevé l'annonce.

compose *nominalement* de 343 membres, mais qu'*il y a toujours environ un tiers des sociétaires en congé;* d'où il suit que la partie active de *la Société ne se compose que de* 229 *voix* [1].

Deux cent vingt-neuf sociétaires recrutés en 18 ans sur *trente mille* élèves! cela fait, à peu près. UN *sociétaire* sur 131 élèves. On voit qu'il y a des défections, et des défections nombreuses, même ailleurs que parmi les professeurs; 130 défections contre UN SEUL élève resté fidèle! Voilà le résultat de l'enseignement de M. Chevé! Et encore faut-il dire. qu'en réalité, ce nombre minime de 229 sociétaires n'est jamais atteint dans les réunions chorales de la Société.

Nous en avons une preuve frappante dans le concours de 1853, que les partisans du chiffre présentent comme un de leurs grands succès; là. quoiqu'on eut. longtemps à l'avance. fait appel à tous les dévouements, le personnel chantant s'est restreint à 185. (Voir le *compte-rendu* de ce concours, publié par M. Chevé.) Le résultat effectif est donc encore bien au-dessous de ce chiffre d'*un* sur 131.

Or, Messieurs, il faut remarquer que les élèves de M. Chevé, sont tous des gens de bonne volonté, ce qui est très-important; il ne viennent chez le professeur que lorsqu'ils sont réellement déterminés à travailler; ils sont. en général. d'un âge où l'on ne prend une résolution qu'avec une certaine maturité. Et néanmoins, vous connaissez les résultats dont je vais rapprocher les chiffres pour les mettre mieux en évidence.

Années de professorat.	18
Population.	2,000,000
Élèves formés par M. Chevé.	30,000
Sociétaires recrutés. sur 30,000 élèves.	343
Sociétaires considérés comme participant aux séances	229
Nombre effectif des assistants aux grandes séances.	185
Moyenne des élèves devenus sociétaires *vraiment* actifs	1 sur 131

---

[1] Résultat de plus de 145 examens.

Départements. — Si nous jetons les yeux sur le reste de la France, nous y voyons des résultats tout semblables.

Depuis 35 ans, M. Aimé Paris a professé dans 54 villes différentes ; partout, à l'en croire, ses cours ont été suivis avec enthousiasme, comme ceux de M. Chevé, à Paris.

La brochure de M. Chevé, *Appel au Pouvoir* (novembre 1856), page 83, nous fait connaître que depuis 1828 jusqu'à 1856, c'est-à-dire en 28 ans, M. Paris a fait *cent treize* cours de musique de *quatre-vingts* leçons, dont 17 gratuits ; ce qui fait en moyenne *quatre* cours par an.

Si nous estimons, d'après ces données, le résultat des quatre années de 1856 à 1860, nous aurons, de plus, *seize* cours ; soit, en tout, 129 *cours* de musique [1]. (En négligeant les années 1860 à 1862.)

Évaluons maintenant le nombre moyen des élèves de M. Paris.

Lorsque M. Chevé ouvre des cours nouveaux, il annonce toujours un nombre considérable d'élèves inscrits ; c'est 700, 800, 900, etc. ; mais il est à Paris, au milieu d'une population énorme, et ses cours sont gratuits ; le résultat ne peut être le même dans les villes de province et pour des cours payés ; aussi nous renfermerons-nous dans une moyenne de 150 élèves pour les cours de M. Paris, cela nous donnera un total de près de *vingt mille* élèves répandus sur toute la France ; et ce résultat est sans doute plutôt au-dessous qu'au-dessus du vrai ; M. Aimé Paris, ici présent, peut au reste, me contredire et vous éclairer à cet égard [2].

Et bien, qu'est-il resté de ces *vingt mille* élèves de M. Paris ? De ces *trente mille* élèves de M. Chevé ? De ce total enfin de *cinquante mille* au moins ? C'est ce que nous allons voir.

Les sociétés chorales de France. — Il y a quelques années, un homme tout à fait inconnu et sans autres ressources qu'une grande énergie et un grand amour de la musique chorale, s'est mis en tête de faire naître des sociétés chorales sur tous les points

---

[1] Dans la préface de sa méthode (édition de 1864), M. Chevé en déclare 140.

[2] M. Paris ayant gardé le silence, ce chiffre doit être considéré comme exact ; *qui ne dit mot consent.*

de la France. Il s'est mis en route avec cette idée et il est allé partout disant aux ouvriers : *Réunissez-vous et chantez.*

Il ne prétendait pas avoir trouvé un moyen nouveau et plus simple d'enseigner la musique; il ne se présentait pas même comme professeur; il ne disait pas : *Venez, je vais vous apprendre à chanter;* il disait seulement : *Chantez; chantez, comme vous pourrez, comme vous voudrez, mais, chantez !*

Cette idée de faire chanter le peuple a obtenu, depuis, l'approbation de beaucoup de personnes; mais dans le principe, le missionnaire dont je parle, rencontrait plus d'indifférents que d'approbateurs; et, malgré cela, comme l'idée était bonne, elle se développa et se réalisa bientôt sur une vaste échelle, à l'aide de cette méthode Wilhem, tant décriée par les partisans du chiffre.

On compte aujourd'hui plus de *huit cents* sociétés chorales, tant à Paris que dans le reste de la France [1]; et en les évaluant, en moyenne, à raison de *cinquante membres* chacune, cela donne un personnel de *quarante mille* chanteurs.

Il y a, je crois, 12 ou 15 ans seulement que ce travail de fondation des sociétés chorales a été commencé. Il y a *trente-cinq* ans que M. Paris, d'abord, M. Chevé ensuite, et quelques-uns de leurs élèves ont commencé leur propagande musicale.

Il semble naturel de penser que ce grand mouvement musical, provoqué en France par les partisans du chiffre, va trouver là une occasion de se mettre en action. Les *cinquante mille* élèves du chiffre vont être les premiers à se former en sociétés chorales, puisque, à ces sociétés, on ne demande rien que de chanter, *n'importe d'après quelle méthode.*

Hélas! non, Messieurs; sur les *huit cents* sociétés chorales qui existent aujourd'hui (juin 1862), en France, les partisans du chiffre pourraient, à peine, en signaler une *douzaine* rangées sous leur drapeau, quand toutes les autres repoussent formellement ce mode d'écriture; et si nous évaluons ces *douze* sociétés à *cin-*

---

[1] Actuellement (août 1865) le nombre des sociétés chorales s'élève à plus de 1,200 et le nombre des sociétés en chiffre n'a pas augmenté.

quante membres chacune, nous aurons pour résultat 600 chanteurs formés dans les départements, par *un travail sans relâche, de trente-cinq années*, qui a absorbé tous les efforts d'un homme d'une énergie et d'une capacité incontestables.

En résumé :

L'homme inconnu qui n'annonçait rien d'extraordinaire, provoque : en QUINZE ans la réunion de. . . . 40,000 *chanteurs*.

Deux autres hommes, proclamant merveilles et miracles, produisent en réunissant leurs années d'efforts, c'est-à-dire en CINQUANTE-TROIS ans de travail. . . . . 785 »

Triomphes de M. Chevé [1]. — Ajoutons que jamais aucun véritable novateur n'a été favorisé comme l'a été M. Chevé; on peut en juger en lisant les pages 31 et suivantes de la nouvelle édition de son livre, en 1864. Voici ce qu'on y lit :

« ... En 1847, conversion à nos idées, de la moitié des profes-
» seurs officiels des écoles communales... »

« En 1849, l'Association polytechnique adopte la méthode et
» me prie de faire un de ses cours... »

« En 1849, M. Magin-Marrens, maire-adjoint du XIe arrondis-
» sement, me demande d'ouvrir un cours à l'École de Mé-
» decine... »

« En 1849, adoption officielle de la Méthode pour toutes les
» écoles communales de la ville de Rouen... »

« En 1850, fondation de la Société chorale de l'École, qui... a
» fait *une immense* propagande et un très-grand nombre de con-
» versions et de prosélytes... »

« En 1852, la Méthode avait déjà fait assez de progrès, pour
» qu'un jury, pris exclusivement dans l'École officielle, voulût
» bien, sur ma demande, organiser un concours international... »

« Le 12 juin 1853, les expériences furent subies... Ce concours
» fut un coup terrible pour la vieille école... »

« A la suite du concours de Paris, M. le ministre de la guerre

---

[1] Ce passage, jusqu'à la p. 22, ne faisait pas partie du travail lu à la Société.

» me confia... l'éducation musicale des élèves militaires du gym-
» nase normal de la Faisanderie... »

« En 1857, la Méthode est introduite à l'École normale supé-
» rieure et à l'École préparatoire de Sainte-Barbe... »

« En 1858, la Méthode est introduite à l'École polytechnique...»

« En 1858, M. le comte Sollohub, chambellan de l'empereur
» de Russie,... adopte, après mûr examen, la méthode Galin-
» Paris-Chevé, pour la Russie. Appelé par le gouvernement russe,
» des circonstances particulières m'ont retenu en France.

« En 1859, vingt membres de notre société chorale forment,
» sous la direction de M. Amand Chevé, la chapelle russe, qui
» devient une chapelle modèle [1]. »

« En 1859, la fondation de *l'Opinion nationale* fut une chose
» heureuse pour l'École. MM. Ad. Guéroult, Alexis Azevedo,
» Edm. About et Sarcey prêtent un constant appui à la Méthode.

« En 1859, M. le duc de Morny... forme une société de patro-
» nage pour la propagation de la Méthode...

« En 1860 et 1861, trois grandes séances ont eu lieu au Cirque
» Napoléon, ainsi qu'une séance expérimentale au lycée Louis-
» le-Grand, sous les auspices du Comité de patronage. C'est à
» l'une de ces séances que M. Rouland, ministre de l'instruction,
» pressant publiquement ma main dans les siennes, me dit avec
» énergie : « Courage, M. Chevé, courage ! »

« L'École doit une profonde reconnaissance à tous ces hommes
» bienveillants qui l'ont spontanément prise sous leur patronage.

« En 1861, par les soins de M. le pasteur Montandon,... la ville
» de Genève adopte la Méthode pour tout le canton. Le conseil
» d'État me donne l'inspection de ses écoles. »

« En 1861, le ministre de l'instruction publique, M. Rouland,
» me charge d'expérimenter la Méthode à l'École normale de
» Versailles.

« En 1861, le ministre de la guerre,... me charge d'enseigner
» la Méthode à l'École militaire de Saint-Cyr. »

---

[1] Telle est l'origine d'une *École* dissidente, dite : École AMAND Chevé.

« En 1861, l'Athénée des Arts nous décerne une médaille en or. »

« En 1861, la Méthode est rendue obligatoire au Prytanée
» militaire de La Flèche... »

« En 1861, la Méthode était introduite à Haïti par M. Sicard, etc. »

J'arrête ici ces citations ; M. Chevé continue à énumérer les
avantages dont il a été comblé, mais que l'espace m'oblige à laisser de côté.

Une chose curieuse serait de pouvoir mettre en regard de ces
faveurs obtenues par M. Chevé, les plaintes amères, les colères,
les lamentations qu'il se plaît à formuler dans les termes les plus
violents, dans la plupart de ses ouvrages, lorsque, pour le besoin
de sa cause, il éprouve le désir de se poser en martyr.

N'est-ce pas l'indice évident d'une impuissance absolue, non
des hommes eux-mêmes, mais de l'enseignement qu'ils pro-
fessent depuis si longtemps avec un zèle digne d'une meilleure
cause, lorsque d'une part on voit les pauvres résultats obtenus,
et d'une autre part, cet enseignement soutenu et patronné par
les hommes les plus considérables...; excepté toutefois *par les
musiciens*, dont l'opinion doit bien compter pour quelque chose
dans une *question musicale*.

L'impuissance est, en effet, Messieurs, la raison de leur insuccès, et cet insuccès pouvait être prévu d'avance, s'ils eussent voulu
écouter les sages conseils de leurs devanciers, de ceux mêmes
qu'ils présentent comme leurs maîtres, au lieu d'essayer de bâtir
un édifice tout autre que celui qu'ils prétendent avoir voulu continuer. Mais avant d'entrer dans cet ordre d'idées, voyons un
peu ce qu'a produit le chiffre en Allemagne, où il a été accueilli
avec non moins de faveur qu'en France.

Allemagne. — Après avoir mis sous les yeux des lecteurs
les résultats si minimes obtenus par M. Chevé, à Paris, et par
M. Paris dans les départements, il me semble utile de présenter
le résultat des tentatives opérées en Allemagne depuis environ
soixante ans. J'emprunte ces documents à une brochure intitulée : *Le passé, le présent et l'avenir du chiffre appliqué à la notation musicale en Allemagne*, par William Crouthal, 1863.

« En Allemagne, les œuvres de Rousseau ont été et sont encore
» en grand honneur; il est le devancier, sinon le père, de cette
» pléiade de pédagogues qui ont illustré l'école allemande. »

« En 1791, le maître de chapelle Schulze a composé et fait
» imprimer en chiffres la grande partition d'un oratorio intitulé
» *Sainte Marie et saint Jean.*

» En 1800, Horstig écrit dans la *Gazette musicale universelle*
» de Leipzig un article dans lequel il propose, par mesure d'éco-
» nomie, de chiffrer le choral d'après le système de Rous-
» seau. » (Pag. 8.)

« En 1813, Wilke annonce, dans la même *Gazette*, que l'idée
» d'introduire les chiffres dans l'enseignement du chant com-
» mence à se répandre.

» En 1813, Natorp publie sa méthode de notation en chiffres,
» tout en maintenant qu'avec les notes on peut obtenir le même
» résultat. »

« En 1814, Koch met au jour une méthode en chiffres; il ne
» les emploie cependant que pour le plain-chant. »

« En 1815, Maas, dans un nouvel article de la *Gazette de Leipzig*,
» signale la lutte ardente que soulève la nouvelle théorie. Il y
» combat les chiffres pour différents motifs : « Les maîtres, dit-il,
» ont tort d'attribuer aux chiffres les résultats obtenus, lesquels
» ne proviennent que de leur zèle et de leur travail. »

« En 1821, Zérenner, dans son livre sur les méthodes, engage les
» partisans du chiffre à travailler à la fusion des différentes ma-
» nières de chiffrer et à l'adoption d'un seul système. » (Rousseau
n'ayant pas indiqué le moyen d'effectuer les modulations, chacun
des adeptes du chiffre proposait une solution; outre bien d'autres
défauts de l'écriture en chiffre, les modulations sont encore aujourd'hui le grand défaut de la cuirasse de ce système impossible).

« En 1826, Klett publia sa *Note du peuple*, méthode de chant en
» chiffres qui fut généralement adoptée à cause de sa simplicité.
» Cependant la polémique des partisans de la notation usuelle con-
» tinuait toujours avec ardeur.

» En 1828, Heinroth propose un armistice aux combattants, en

» leur prouvant que les deux partis ont raison, chacun à son
» point de vue. Il promet de publier une méthode de chant *sim-*
» *plifiée, avec les notes.*

» En 1838, Léonhard Winckler publie une brochure pour por-
» ter à la connaissance de ses collègues les résultats étonnants
» obtenus par les chiffres : quarante heures au plus lui suffisent
» pour rendre ses élèves capables de lire à première vue. (Notons
en passant qu'à raison de trois leçons d'une heure par semaine
ces quarante heures formeront quatre mois.)

» En 1839, Auberlen réforme la méthode de Klett avec l'assen-
» timent de l'auteur et celui d'un grand nombre d'instituteurs.

» En 1840, Waldmann publie une nouvelle méthode en
» chiffres pour les écoles primaires. L'auteur ne prétend pas ce-
» pendant proscrire l'usage de la note dans les écoles ; le recueil
» de mélodies joint à l'ouvrage est même imprimé en notes.

» En 1845, le même Waldmann publie une méthode d'har-
» monie et dit : L'avenir jugera ma méthode en chiffres. Si elle
» porte, *comme toutes celles de mes prédécesseurs*, le germe de mort
» dans son sein, eh bien ! qu'elle meure..... Mais je ne crois pas
» que de mon vivant mon œuvre trépasse, car partout où elle a
» pénétré, elle a montré une grande vigueur, etc. »

Hélas ! le digne pasteur Waldmann avait trop présumé de la
vitalité de son livre, car, à partir de cette époque, le chiffre dis-
paraît de plus en plus des écoles.

« En 1847, Hentschel dit, dans la *Revue pédagogique, deuxième*
» volume, page 303 : « Il fut un temps où l'on se servait des
» chiffres dans la plupart des écoles. Ce temps n'est plus ; les
» notes ont repris leur empire, et peu de maîtres sont restés fidèles
» au chiffre. Des recueils *nouveaux* de morceaux chiffrés sont
» chose très-rare ; tout s'imprime en notes. »

« En 1851, dans la même revue, *cinquième* volume, page 323,
» on lit : « Les chiffres rétrogradent de plus en plus et dans les
» écoles et dans la littérature ; à ma connaissance il n'est point de
» méthode ni de recueil qui, sur le terrain pratique, en ait fait
» mention dans ces dernières années.

» En 1852, dans le *sixième* volume de la même revue, pag. 346,
» le même Hentschel dit encore : « La lutte entre la note et le
» chiffre qui a duré tant d'années, peut être considérée comme
» terminée ; la note est et demeure victorieuse. »

» En 1857, même revue, *dixième* volume, page 369, on lit
» enfin : « Le chant au moyen des chiffres est presque entière-
» ment passé de mode ; par contre, la note a repris de plus en
» plus le dessus. Certes c'est là un grand progrès. »

Ainsi, il est impossible de ne pas reconnaître que, pendant
près de *soixante ans*, le chiffre a été expérimenté en Allemagne ;
il arriva même un moment, comme le dit Hentschel dans l'ouvrage cité plus haut, où l'on se servit des chiffres dans la plupart
des écoles.

La première apparition, signalée par Horstig, remonte à 1800,
et la disparition presque complète, annoncée par Hentschel, est
de 1857.

Le passé du chiffre se résume ainsi : *une expérience de soixante
années au lieu d'établir solidement le chiffre, l'a fait abandonner par
les écoles primaires où il avait été généralement pratiqué.*

La condition *sine quâ non* pour qu'une théorie vive dans l'avenir, c'est qu'elle soit consacrée par l'expérience ; sa naissance
eut-elle été accompagnée des plus grandes merveilles opérées par
son créateur, *il faut qu'une méthode reçoive sa sanction de la
pratique.*

Il faut donc conclure que *le chiffre* n'a pas d'avenir, puisque,
abandonné par les maîtres d'école d'Allemagne après soixante
années d'expériences, *il n'a pas reçu la sanction de la pratique.*

Jusqu'à présent nous n'avons suivi que les traces du chiffre
dans cette revue de l'Allemagne, portons maintenant notre attention vers les résultats obtenus par la notation usuelle. Ouvrons le
huitième volume de la *Revue pédagogique*, à la page 293, nous y
lisons : « Abderhalten prouve par les témoignages de pasteurs et
» d'instituteurs que dans son école le but a été atteint ; les élèves
» de douze ans sont en état de lire à première vue, sans aide ou

» direction, des morceaux de musique figurés après les avoir sol-
» fiés une ou deux fois, et en solfiant il n'est guère de difficulté
» qui les arrête. » Voilà donc un instituteur qui arrive à la lecture au moyen des notes.

Passons à un autre instituteur dont le témoignage prête moins
à la critique.

L. Winckler a pratiqué le chiffre avec éclat ; les brillants résultats obtenus ont engagé les autorités supérieures à le prier de
publier ses procédés. Il arrivait à la lecture par les chiffres dans
vingt-sept heures au moins et quarante heures au plus, c'est-à-
dire en 4 mois. Après *dix ans* de succès, Winckler a voulu savoir
combien il lui faudrait de temps pour arriver au même résultat
avec les notes. Il s'est mis à l'œuvre et a atteint le même but en
quarante heures aussi exactement qu'avec les chiffres. Voici comment cet instituteur s'exprime dans la préface d'une nouvelle
brochure écrite à cette occasion : « J'ai été un apôtre zélé et ar-
» dent du chiffre pendant de longues années. Dans une brochure
» imprimée à Nuremberg en 1833, j'ai esquissé mes procédés et
» les principes sur lesquels ils sont fondés, etc., etc. J'ai con-
» servé les chiffres jusqu'en 1840, alors je résolus d'expérimenter
» les avantages de l'enseignement par les notes, et de préciser le
» temps qu'il faut pour parvenir à la lecture. Je n'ai point reculé
» devant le travail d'écrire mes nouveaux exercices sur quarante
» tableaux de quatre pieds carrés chacun, et voyez, il ne m'a
» fallu ni plus de temps ni plus de peine qu'avec les chiffres. Dès
» lors, je n'ai pu m'empêcher d'accorder la préférence aux notes
» et de regretter de n'avoir pas commencé mes essais plus tôt.
» Mes amis, auxquels j'ai fait part de mes expériences, ont in-
» sisté pour me déterminer à les publier, etc., etc. » Cet opuscule renferme le texte explicatif des exercices, imprimés à part
dans un in-18 de 43 pages.

Cette expérience, faite par un instituteur longtemps propaga-
teur infatigable des chiffres, revenant ensuite à l'écriture usuelle
et obtenant les mêmes résultats, et dans le même laps de temps,
est une expérience concluante. Nous verrons plus loin que le

même fait s'est produit en France dans des conditions semblables.

Voyons maintenant, ce qu'ont pensé de *l'écriture en chiffres*, les gens qui étaient les plus aptes à la juger, et ce qu'on peut en attendre pour l'enseignement de la musique.

§ 3.

Impuissance prévue de l'enseignement du chiffre.

J.-J. ROUSSEAU [1]. — C'est J.-J. Rousseau qui est l'inventeur de la *notation par chiffres*; les travaux du père Souhaitty, qui ont pu lui fournir l'idée première, ne lui ont réellement pas donné autre chose.

J.-J. Rousseau proposa cette écriture en 1742 (*Mémoire à l'Académie des Sciences, pour de nouveaux signes*, etc.) Il acheva de la perfectionner en 1743 (*Dissertation sur la musique moderne*), mémoire publié par le *Journal des Savants*.

L'écriture de J.-J. était complète et parfaite autant qu'elle pouvait l'être et Galin n'a trouvé à y faire que des changements de peu d'importance.

Pour l'INTONATION Rousseau traçait une ligne sur son papier, et au moyen de cette ligne, il écrivait trois octaves; l'octave *grave*, AU-DESSOUS de cette ligne; l'octave *intermédiaire* sur la ligne même, et l'octave *supérieure* AU-DESSUS de la ligne.

Galin a écrit l'octave *grave* avec un *point* AU-DESSOUS des chiffres, l'octave intermédiaire SANS *points*, et l'octave *supérieure* avec un *point* AU-DESSUS des chiffres. Ce changement mérite à peine d'être signalé; d'autant plus que l'*idée* du point appartenait à Rousseau (Mémoire de 1742), Galin en a seulement modifié l'emploi.

Quant aux DURÉES, ce qu'on appelle ordinairement la *valeur des notes*, Rousseau séparait par des virgules les divers temps de chaque mesure; de sorte que, pour marquer la division du temps au premier degré, il n'avait pas besoin de *trait* supérieur. Exemple : || 12, 34, 5, 4, | .

---

[1] Ici reprend le texte lu à la Société

Galin, au contraire, retranche les virgules et met un *trait* supérieur sur chaque temps qui comporte deux ou trois notes. Exemple : || 12 34 5 4 || . Il y a donc, sous ce rapport, un peu plus de complication dans l'écriture de Galin que dans celle de Rousseau ; au reste, l'*idée* du *trait* pour réunir les diverses notes d'un temps n'est autre chose que nos *croches* accouplées. Quant au surplus, Galin n'a pas changé un *iota* au travail de J.-J. qui est resté tout entier, parce qu'il était, dès le premier moment, à peu près aussi complet qu'il pouvait l'être, du moins sous le rapport de l'intonation [1].

Au moment où ce système fut produit par Rousseau, il était tout à fait au niveau de la science pratique de l'époque.

Depuis 1650 environ, on avait cessé de lire la musique par les *muances*; et l'on était arrivé à la lire par *transposition*. C'est-à-dire qu'après avoir déterminé, d'après la *clef* et les *dièses* ou les *bémols*, quelle était la tonique, on appelait cette tonique *ut*, pour les tons du mode majeur et *la* ou *ré*, pour les tons du mode mineur ; c'est le système employé aujourd'hui par MM. Paris et Chevé pour la lecture de la notation ; on voit qu'il n'est pas nouveau.

En proposant son écriture en chiffres, dans laquelle toute la musique est écrite en *ut* ou en *la*, Rousseau avait droit de dire aux musiciens : *Je ne fais que régulariser votre pratique : vous lisez en ut, écrivez donc aussi en ut ;* et il avait raison.

Les modulations étaient simples alors, peu fréquentes et dans des conditions telles, que Rousseau avait pu prévoir tout ce qu'il était utile de savoir, pour les pratiquer dans la lecture de son écriture en *ut*.

Mais les choses devaient bientôt changer de face. La musique se développait et se compliquait chaque jour ; de sorte qu'en 1770, moins de trente ans après l'invention de Rousseau, il y avait déjà beaucoup de musiciens qui ne lisaient plus la musique par *trans-*

[1] Cela prouve combien M. Chevé était dans l'erreur lorsqu'il a tant de fois et si énergiquement affirmé que l'écriture de Rousseau était tellement mauvaise que Galin avait dû la refaire en entier.

position ; et, en 1780, il n'y en avait plus du tout. « *Aujourd'hui,*
» dit Delaborde, dans son histoire de la musique (1780), *nous*
» *lisons la musique comme elle est écrite.* » Et il explique qu'il entend par là donner aux notes les noms qu'elles doivent avoir
d'après les indications de la clef, sans s'inquiéter si elles sont
diésées ou *bémolisées;* sans rechercher si elles sont *tonique, mé-*
diante ou *dominante,* etc., mais, toutefois en leur donnant le *son*
qu'elles doivent produire, d'après l'armure de la clef.

C'est vers cette époque que Rousseau, rappelant une objection
qui lui avait été faite par Rameau, disait : « J'eus lieu de remar-
» quer en cette occasion combien, même avec un esprit borné,
» la connaissance *unique* mais profonde de la chose est préférable,
» pour en bien juger, à toutes les lumières que donne la culture
» des sciences lorsqu'on n'y a pas joint l'étude particulière de
» celle dont il s'agit ; la seule objection *solide* qu'il y eut à faire à
» mon système y fut faite par Rameau. A peine le lui eus-je ex-
» pliqué, qu'il en vit le côté faible. Vos signes, dit-il, sont très-
» bons, en ce qu'ils représentent nettement les intervalles et
» montrent toujours le simple dans le redoublé; mais *ils sont*
» *mauvais* en ce qu'ils exigent, pour chaque intervalle, une opé-
» ration de l'esprit, qui ne peut suivre la rapidité de l'exécution.
» La position de nos notes, continua-t-il, se peint à l'œil sans le
» concours de cette opération. Si deux notes, l'une très-haute,
» l'autre très-basse, sont jointes par une tirade de notes intermé-
» diaires, je vois du premier coup d'œil que l'une est jointe à
» l'autre par degrés conjoints; mais, pour m'assurer chez vous
» de cette tirade, il faut nécessairement que j'épelle tous vos
» chiffres l'un après l'autre; le coup d'œil ne peut suppléer à
» rien. L'*objection me parut sans réplique, et j'en convins a l'ins-*
» tant. Quoiqu'elle soit *simple* et *frappante,* il n'y a qu'une
» grande pratique de l'art qui puisse la suggérer; et il n'est pas
» étonnant qu'elle ne soit venue à aucun académicien; mais il
» l'est que tous ces grands savants, qui savent tant de choses,
» sachent si peu que *chacun ne devrait juger que de son métier.* »
J.-J. Rousseau. *Confessions,* seconde partie, liv. VII, alinéa 19.

P. GALIN. — Depuis J.-J. Rousseau, les modulations ont été de plus en plus fréquentes et compliquées; et Galin, en 1818, dans son *Exposition d'une nouvelle méthode*, etc., pages 54 et 55 (note), exprime ainsi son opinion sur la musique en chiffres «....... On » s'aperçoit ici *combien seraient dans l'erreur* sur le fond de ma » méthode, ceux qui, ayant vu chanter mes élèves devant des » chiffres, *auraient pris ces chiffres pour le moyen qui me sert à* » *les instruire*.......... Mais, il y a plus par rapport aux chiffres; » c'est qu'ils ne sont pas même dans l'analogie des idées que je » viens d'exposer, et qu'en quittant l'exercice de la baguette, (exercices à une ou plusieurs parties sur le méloplaste ou portée MUETTE grandie, au moyen d'*une* ou de *plusieurs baguettes qui* » *peuvent y marcher simultanément*, l'élève se trouve naturelle- » ment introduit aux notes ordinaires sur les portées, sans soup- » çonner que des chiffres pussent faire le même office. C'est » donc de PURE FANTAISIE que je lui enseigne cette notation; » mais il faut convenir qu'elle est si commode pour l'USAGE » PARTICULIER...... tout papier y étant propre...... qu'elle mérite » bien d'être plus connue, *indépendamment* de celle dont on » se sert. C'est par là que j'ai voulu rendre hommage à la » mémoire de son illustre auteur, *sans prétendre*, comme lui, » *de la substituer à l'écriture vulgaire.* »

Galin exprime son opinion sur le chiffre, d'une manière plus précise encore, à la page 240 du même ouvrage.

«Au surplus, dit-il, si l'on voulait rendre usuelle la notation » par chiffres, il faudrait faire de notables modifications aux » principes de J. J. *On ne pourrait pas*, par exemple, *ne noter* » *qu'en ut*, comme il l'entendait......... Non, quoi qu'en ait dit le » célèbre J.-J., la transposition n'est point facile sur les chiffres, » même de la voix; l'œil a une peine extrême à voir un chiffre » dans un autre; au lieu que sur les portées, à cause de la simi- » litude de position des notes sur les diverses clefs, la transposi- » tion est aisée, quand on s'est accoutumé à ne dénommer les » notes sur les barreaux, que par leurs intervalles respectifs...... » En dernière analyse...... dès qu'on voudra écrire la musique en

» chiffres pour les instruments, *il faudra nécessairement le faire*
» de cette manière, c'est-à-dire *en y exprimant les dièses et les bé-*
» *mols* convenables à chaque ton, *comme il est d'usage de le faire*
» *sur les portées ordinaires.* C'est avec ces modifications *qui la rap-*
» *prochent beaucoup de notre écriture,* que j'ai fait connaître à mes
» élèves une notation *par chiffres* ou *par lettres.* On sent que,
» puisqu'ils savent sollier dans tous les tons, le motif qui portait
» J.-J. à tout écrire en *ut* n'existe plus pour eux. »

Certes, voilà l'opinion du grand maître clairement et ferme-
ment exprimée, ce qui n'empêche pas MM. Paris et Chevé qui se
disent ses continuateurs, ses disciples, ses apôtres, d'écrire dans
le règlement de leur Société, article 28 (je crois) : « *Tout morceau*
» *mis à l'étude devra être écrit en chiffres;* ON NE LIRA JAMAIS SUR
» LA PORTÉE. » Et, dernièrement encore, M. A. Paris, sur l'invi-
tation que lui faisait un personnage éminent [1], de prouver que
les élèves de M. Chevé lisaient sur la portée, n'a-t-il pas répondu :
« *Non, M. le comte, nous ne voulons pas de la portée, nous repous-*
» *sons la portée.* » (*Journal des Débats,* 19 fév. 1861 ; feuilleton.)

Cette déclaration faite devant un public nombreux, dans une
séance solennelle, où tout avait été longuement préparé, est assez
significative ; elle démontre évidemment, l'impuissance où l'on
était de faire lire *sérieusement* sur la portée ; et, cependant, cette
déclaration si nette, était faite par ceux-là mêmes qui écrivent
que : *leurs élèves savent lire sur la portée, sur toutes les clefs, avec*
un nombre quelconque de dièses ou de bémols, mieux que ne sau-
raient le faire tous les élèves, tous les professeurs et tous les direc-
teurs de Conservatoires, M. Auber en tête [2].

AIMÉ LEMOINE [3].

« Monsieur, vous désirez avoir par écrit, pour le joindre à un
mémoire que vous vous proposez de publier, le résumé d'une
conversation récente qui avait été pour moi l'occasion de vous

---

[1] M. le comte de Morny.

[2] *Coup de grâce à la routine musicale,* p. 39. Emile Chevé.

[3] Réponse de ce professeur à une lettre dans laquelle je lui demandais son opinion sur le chiffre.

développer mon opinion sur l'emploi du chiffre, comme signe d'intonation dans l'écriture musicale. Voici ce petit travail, rédigé d'une manière aussi concise qu'il m'a été possible de le faire[1].

» L'usage du chiffre, ai-je dû commencer par vous dire, n'a jamais été, dans les idées de *Galin*, mon maître, non plus que dans les miennes, autre chose qu'un moyen particulier d'étude, un utile auxiliaire surtout au début, où la netteté, la clarté et la précision des signes sont d'une si grande importance pour l'élève. A ce moment, en effet, où l'œil ne peut guère encore saisir les signes qu'un à un, les chiffres ont un avantage incontestable sur ceux de l'écriture usuelle, avantage que celle-ci est appelée à revendiquer plus tard, à son tour, et qui devra se manifester en proportion même du degré plus ou moins avancé de pratique auquel aura été conduit l'élève, à l'aide des exercices de la baguette sur le méloplaste.

» A mesure, en effet, qu'on avancera dans l'étude et que les opérations de lecture se compliqueront en raison même de la multiplicité des signes, du temps plus bref et de la rapidité plus grande du mouvement dans lesquels doivent se faire ces opérations, la supériorité de l'écriture usuelle ira toujours se manifestant de plus en plus, et pour cette cause déjà indiquée, c'est que l'œil alors, et surtout si l'éducation de cet organe a été de son côté bien dirigée, ne voit plus dans les groupes de notes des

---

[1] Voici un extrait de la lettre de M. Collet à laquelle celle-ci a pour objet de répondre :... « Ce jour-là même, vous m'avez exprimé votre opinion sur l'écriture en chiffres et sur les prétendues difficultés de la notation usuelle, dans des termes que je voudrais bien avoir par écrit de votre main. »

» J'ai inséré dans ce travail l'opinion de J.-J. Rousseau, de Galin, d'Ed. Jue, sur
» l'impossibilité de l'emploi absolu du chiffre, j'y ai même ajouté celle de Chevé
» quant à son usage pour la musique instrumentale. Je serais heureux de pouvoir y
» joindre celle du collaborateur, du successeur immédiat et véritable continuateur de
» Galin.

» Si vous ne voyez pas, Monsieur, comme je l'espère, d'inconvénient à me formuler
» votre opinion et à m'autoriser à la publier, veuillez me la faire parvenir le plus tôt
» possible, je vous en serai très-reconnaissant : cette opinion viendrait compléter mon
» travail. »

Fontenay-aux-Roses, le 7 juin 1863.

signes individuels, mais des figures, des mots enfin qu'il reconnaît et qu'il saisit rapidement, ce qui lui rend alors si facile la lecture et même la transposition avec laquelle nos élèves ont été d'ailleurs familiarisés, dès les premières leçons, à l'aide des exercices sur le méloplaste.

» Voilà ce que peuvent seuls bien comprendre ceux dont les études pratiques ont été, sous ce rapport, poussées un peu loin, et en proportion même du degré où elles l'ont été ; en sorte que pour la masse des élèves demeurée à peu près à la lecture du chant choral, et surtout restée étrangère aux complications de la musique instrumentale, la vraie solution de la question pourra demeurer lettre close ; et que ceux-ci, concluant à leur point de vue, du particulier au général, pourront soutenir, et cela de la meilleure foi du monde, la supériorité du chiffre sur la notation usuelle.

» Resterait, bien entendu, et resterait tout entière, la question des signes rhythmiques, que je n'ai pas l'intention de traiter ici à fond, mais dont je dois pourtant dire quelques mots qui permettent d'en saisir toute l'importance.

» Le rhythme, dans l'œuvre de *Galin*, se trouve, au point de vue de la théorie, envisagé sous une face toute nouvelle. Pour la première fois, ses véritables lois sont trouvées et enseignées d'une manière aussi rigoureuse, aussi précise, aussi complète qu'elles avaient pu l'être obscurément et imparfaitement jusqu'ici. C'est véritablement le *fiat lux*, la lumière succédant aux ténèbres du chaos. Aussi *Galin* a-t-il pu faire, ce qui eut été absolument impossible avant lui, créer pour le rhythme une écriture mathématiquement parfaite, composée d'un très-petit nombre de signes, destinés à représenter les effets fondamentaux, aussi en très-petit nombre, et qui se reproduisent toujours les mêmes avec *des générateurs différents ;* et par suite, combler une lacune immense existant dans l'étude de cet élément ; je veux signaler l'absence d'une langue parlée comme il en existe une pour l'intonation, qui correspondant terme à terme à la langue écrite (celle *du chronométriste*, put participer, par conséquent, de sa perfection, au point de vue de l'unité et de la clarté [1]. La science, sous ce rapport, est donc aujourd'hui complète, et le jour où l'on voudra mettre à profit la découverte de *Galin*, on obtiendra immédiatement une écriture musicale excellente, et cela en se bornant à rectifier l'écriture rhythmique usuelle d'après les lois fondamentales *du chronométriste*. Je dis rectifier, car on se trouverait cette fois, par suite d'une heureuse et bien rare occurrence, dans des circonstances si favorables pour opérer la révolution, qu'à peine faudrait-il aux musiciens qui n'en auraient jamais ouï parler, quelques mots d'explication et quelques heures d'exercice, pour que cette écriture leur fût presque immédiatement plus facile à lire que l'ancienne, et cela, par une raison bien simple, c'est qu'ils trouveraient tout fait, sous leurs yeux, ce travail mental de reconstruction dont, dans le plus grand nombre de cas, nul n'est dispensé pour la lire, et qui est souvent d'une extrême difficulté dans les passages compliqués et les plus mal écrits. En telle sorte, qu'on peut l'affirmer avec certitude, ceux-là qui savent lire l'écriture usuelle la liraient dix fois plus facilement encore dans les nouvelles données que je viens d'exposer. Quant à nos élèves, ils sont, on peut le dire, bientôt passés maîtres à ce point de vue, par suite d'exercices spéciaux que permet seul l'étude et l'usage *du chronométriste*.

» Ensuite, Monsieur, me plaçant à un point de vue tout autre, j'avais été amené à vous exprimer combien il me paraissait fâcheux, je disais même déplorable, qu'une question de cette importance, celle pendante entre la méthode d'enseignement créée tout d'une pièce, et comme un tout complet, par *Galin*, et celle de l'enseignement usuel, si défectueux à tous égards, ait pu être ainsi si maladroitement ravalée à une pure question de signes, et par conséquent, dans ces termes, si mal posée et généralement si mal comprise, qu'aujourd'hui, non-seulement aux yeux de la

---

[1] Je veux parler ici, et que cela ne puisse faire de doute, de la langue rhythmique, créée par Galin lui-même et à laquelle il ne m'a fallu pour la compléter et la faire se plier à toutes les exigences possibles de la pratique, qu'ajouter quelques signes oraux de combinaison des mêmes mots, qui la laissassent en parfaite correspondance d'unité avec la lumineuse écriture du chronométriste.

masse du public, mais encore aux yeux de la plus grande partie des artistes, détournés eux-mêmes de l'examen par cette fâcheuse circonstance, elle puisse résider là tout entière [1]; en telle sorte qu'aujourd'hui, être pour ou contre la méthode de Galin (la méthode du méloplaste), ce soit purement et simplement s'inscrire parmi les partisans ou les adversaires de l'écriture en chiffres.

» Or les choses, je vous le demande, Monsieur, pouvaient-elles être présentées et envisagées sous un point de vue plus faux et plus défavorable; et si, en dépit du malencontreux obstacle placé sur sa voie, l'œuvre de *Galin* qui est précisément contraire à la substitution du chiffre à l'écriture usuelle a cheminé néanmoins, et gagne tous les jours du terrain dans une mesure considérable, par sa propre force d'impulsion, ne doit-on pas être convaincu que, dans le cas contraire, elle aurait, dès aujourd'hui, conquis définitivement le rang qui lui appartient parmi les découvertes modernes, à une époque surtout où la routine s'en va perdant chaque jour quelque chose de sa force d'inertie, où chacun est mieux disposé à chercher de bonne foi la vérité et en épouser plus énergiquement la cause [2], où les grands artistes compren-

---

[1] J'en veux citer ici un curieux exemple.

N'ayant eu que tout récemment l'occasion de lire l'article écrit, d'ailleurs, avec bienveillance, que M. Fétis a bien voulu me consacrer, dans sa Biographie universelle des musiciens ; quelle n'a pas dû être ma surprise en y trouvant ces lignes pour conclusion. « Ce professeur a fini par abandonner la méthode du méloplaste pour reprendre l'enseignement ordinaire. »

Rien en effet ne saurait être plus contraire à la vérité. Et, si profondément pénétré, comme je l'ai toujours été, de l'idée intime de Galin, l'application à l'étude de la musique de la méthode analytique, et la nécessité de faire essentiellement reposer, comme sur sa base principale, l'étude de l'intonation sur le développement poussé aussi loin que possible du *sentiment de la tonalité*, il m'est arrivé plusieurs fois dans le cours de mon long enseignement, comme cela fût arrivé à Galin lui-même s'il eut vécu, de sentir la nécessité de certaines modifications ou additions en vue même de ce résultat, je puis affirmer que toujours, en pareil cas, je n'ai fait qu'obéir au besoin comme au désir de pénétrer plus avant dans la pensée du maître et avec la conscience que son assentiment ne m'eut pas manqué une seule fois.

Quant à l'appréciation de M. Fétis, je ne saurais autrement me l'expliquer que par ce fait, qu'ayant vu mes élèves lire couramment dans la partition comme dans tout autre livre de musique écrite en langue vulgaire, il aura cru pouvoir, et cela en toute sûreté de conscience, conclure ainsi qu'il l'a fait.   A. L.

[2] Mouvement si heureusement secondé par le ministre éminent placé aujourd'hui à la tête de l'instruction publique.

nent généralement tout ce que leur haut enseignement pratique aurait à gagner à rencontrer des élèves mieux préparés et mieux instruits, eux qu'on entend tous les jours se plaindre du défaut d'éducation de ceux qui viennent réclamer leurs bonnes leçons.

» C'est donc contre cette erreur, Monsieur, la prééminence du chiffre dans la méthode, qu'il ne faut pas se lasser de protester hautement, avec énergie et persévérance. S'efforcer de replacer la question sur son véritable terrain et sous son vrai jour, c'est lui restituer sa grandeur et toute son importance, c'est hâter le jour où le nom de *Galin* apparaîtra enfin dans tout son éclat pour être universellement acclamé et glorifié comme celui de l'un des bienfaisants initiateurs de l'humanité.

» Recevez, Monsieur, l'assurance de mes sentiments les plus distingués.

» Aimé LEMOINE. »

Élève et ancien collaborateur de *Galin*, et son successeur immédiat dans ses cours; ancien professeur à l'École impériale des ponts-et-chaussées, à l'Athénée central, à la Société d'éducation progressive, etc.

Paris, rue Vavin, 31, ce 18 juin 1865.

P. S. » Puisque vous avez été amené à signaler, dans un précédent mémoire, les travaux de l'abbé Lebœuf, dont l'ouvrage est arrivé dans vos mains, par suite de vos recherches à la Bibliothèque impériale, je crois le moment venu de satisfaire au vœu de *Galin*, en publiant une note importante qu'il m'avait remise confidentiellement dans les derniers jours de sa vie, s'en rapportant d'ailleurs entièrement à mon appréciation, pour lui donner en temps opportun, la publicité à laquelle elle était destinée dans sa pensée.

» Voici cette note, reproduite textuellement et telle qu'elle m'a été remise par Galin, écrite entièrement de sa main, et dont j'aurais préféré, si le temps vous l'avait permis, donner ici un *fac simile*. Dans tous les cas j'en tiendrai l'original à la disposition de toute personne qui désirerait, *de visu*, en constater l'authenticité [1]. »

---

[1] Voir cette note et le *fac simile* à la fin de la brochure.

ED. JÜE. — Dès 1824, Édouard Jüe, l'un des continuateurs de Galin, publiait une méthode *en chiffres* ayant pour titre : *Solfège analytique*. Il enseigne la musique en chiffres, pendant douze ans, et, en 1838, il édite un livre intitulé : *La musique apprise sans maître*. Voici ce qu'on lit dans la *préface* de cet ouvrage : « De » toutes les modifications que j'ai apportées au *Méloplaste* de » Galin, je ne citerai ici que ma notation *monogammique*, parce » qu'*elle a fait faire un pas* à la méthode, EN SUPPRIMANT L'EM-» PLOI DES CHIFFRES, et en rendant au point (de prolongation) la » propriété que ce système lui avait enlevée. »

« Galin ne s'occupait de la portée musicale qu'autant qu'il le » fallait pour en donner l'intelligence, laissant à l'élève le soin » de s'y exercer seul à la suite des cours.......... Aussi, qu'arri-» vait-il ? C'est qu'une fois loin des yeux du maître, la plus grande » partie reculait devant les difficultés qui restaient à vaincre, et, » malheureusement, c'était les plus sérieuses. Les chiffres étaient » d'ailleurs si commodes comme notation.... que l'on préférait se » donner la peine de tout traduire à tête reposée. Mais un jour » venait où l'ennui des traductions nous prenait. D'un autre côté, » le défaut d'habitude de la portée nous privait de tout à propos » dans la société ; et, ces différentes causes se réunissant pour » refroidir la ferveur, on ne s'occupait plus que de loin en loin » de musique ; et tôt ou tard il ne restait plus du cours que quel-» ques idées théoriques qui, de jour, en jour s'effaçaient de la » mémoire.......... Si l'emploi des chiffres comme notation a l'a-» vantage de réduire l'étude à une seule gamme..... ils ont, d'un » autre côté, le *grave inconvénient de ne point conduire à la lecture* » *familière de la portée, et même d'*EN ÉLOIGNER ÉTRANGEMENT par » leur incompatibilité et par le *secours qu'ils offrent* A LA PA-» RESSE.......... Cependant *la portée musicale est un fait qu'il faut* » *accepter*. On a beau regimber, critiquer, modifier pour sa com-» modité particulière ; il n'en faut pas moins arriver à lire les » auteurs dans leurs partitions. *Aucun système* d'ailleurs *ne sau-» rait la remplacer*, quelle qu'imparfaite qu'elle soit ; et c'est » même en raison de cette imperfection qu'on ne saurait trop tôt

» en commencer l'étude. *Les chiffres tournent* la difficulté *sans la
» renverser* ; ils font ressortir les inconvénients du système reçu,
» mais *ils n'enseignent point à s'en accommoder ; et c'est pourtant
» là qu'est la question, puisqu'il* EST IMPOSSIBLE de s'y soustraire,
» quelque habile qu'on soit d'ailleurs.......... »

Et plus loin : « Au reste, la pratique de la portée, commencée
» dès la première leçon, ne s'arrête et *ne nous arrête pas un instant.*»

Voilà, Messieurs, l'opinion des inventeurs et des continuateurs
de l'écriture musicale en chiffres. L'opinion d'Éd. Jue, *élève et
continuateur* de Galin, exprimée en ces termes, *après douze ans
de professorat de musique en chiffres*, me semble avoir une très-
haute valeur. M. Chevé ne saurait contester la compétence de
cet auteur et M. Paris le pourrait encore moins, lui qui a écrit
ce qui suit dans la préface du livre de Galin qu'il a réédité à Lyon,
en 1835 : « Toutefois, je dirai que, sauf M. Maldan, de Limoges.....
» M. Jue est à mes yeux *le plus capable de tous les successeurs de
» Galin*, et que, si la doctrine ne fait pas entre ses mains autant
» de progrès qu'on pourrait le désirer, *ce n'est pas à son impuis-
» sance qu'il faudra s'en prendre.* »

ÉMILE CHEVÉ. — Voyons maintenant quelle est l'opinion
personnelle de M. Chevé sur l'écriture *en chiffres* d'abord, et sur
la *notation usuelle* ensuite.

Voici ce qu'il écrit dans sa *trente-huitième lettre sur la musique*,
publiée dans le *Franc-Juge*, n° du 5 janvier 1851 «..... Donc, l'é-
» criture *omnitone*, si précieuse pour le larynx, PERD TOUS SES
» BRILLANTS AVANTAGES QUAND ON L'APPLIQUE A DES INSTRUMENTS *qui*,
» n'étant point omnitones et changeant le doigté des modes à
» chaque ton, ne peuvent, comme le larynx, profiter de l'anéan-
» tissement des armures. »

» ..... Quant aux instruments à cordes ou à vent qui *donnent
» plusieurs sons à la fois*, violon, violoncelle, piano, orgue, har-
» monium, etc. — LE CHIFFRE NE LEUR CONVIENT PAS DU TOUT, IL EST
» ABSOLUMENT MAUVAIS. »

« DONC, IL FAUT ADOPTER, POUR LA VOIX, LE CHIFFRE qui a une su-
» périorité immense sur la portée..... »

« Donc, IL FAUT CONSERVER LA PORTÉE POUR LES INSTRUMENTS, sur-
» tout pour ceux qui donnent plusieurs sons simultanés. »

« .... Voici pourquoi *le chiffre ne convient pas* comme
» écriture du piano, orgue, etc., c'est qu'il offre un inconvénient
» très-grave ; que le pianiste ne frappe qu'une seule note à la fois,
» qu'il en frappe deux, quatre, huit, etc., les deux portées occu-
» pant toujours la même place sur le papier, son œil voit toujours
» ces *deux grands chemins*, sur lesquels il cherche ses notes :
» qu'il y en ait peu, qu'il y en ait beaucoup, les deux portées sont
» toujours là, et l'écriture offre un aspect assez régulier. — Mais
» pour le chiffre il n'en est plus de même ; selon que le composi-
» teur veut faire entendre un son seul, ou plusieurs sons simulta-
» nés, il faut une seule ligne de chiffres ou il en faut plusieurs :
» quelquefois quatre, six, huit ou plus. — Si le nombre des par-
» ties était toujours le même, la chose pourrait encore se faire *à la*
» *rigueur* ; on mettrait autant de lignes qu'il y aurait de parties.
» Mais le piano ne procède pas de cette dernière façon ; après un
» son isolé, il en frappe quatre, cinq, six, etc., et réciproquement.
» Il en résulte qu'avec le chiffre, le lecteur aurait tantôt une ligne
» d'écriture, tantôt trois, tantôt six, tantôt quatre, etc., CE QUI
» RENDRAIT L'ÉCRITURE ABSOLUMENT ILLISIBLE. Or, *comme le chiffre*
» *appliqué aux instruments est déjà dépouillé* DE TOUS SES AVAN-
» TAGES, on ne retirerait de son emploi, dans ce cas, que l'*incon-*
» *vénient immense* que je viens de signaler. *Donc le chiffre ne con-*
» *vient nullement pour les instruments* qui ne sont pas solinotes, et
» ç'a été UNE GRANDE FAUTE que d'avoir voulu l'y appliquer.

» Je ne développe pas davantage cette question puisque NOUS
ADOPTONS LE PRINCIPE DE LA PORTÉE POUR L'INSTRUMENT. »

Dans sa *Méthode élémentaire de musique vocale*, page 20, éditions
de 1844 à 1860, M. Chevé déclare que : « *Il y aurait, du reste,*
PEU DE CHOSE *à faire pour rendre* EXCELLENTS *les signes de la portée*
musicale ; mais pour cela, il faudrait que tout le monde fût d'ac-
cord. »

Ainsi, d'une part, M. Chévé reconnaît que, pour les instru-
ments tels que le *violon*, le *violoncelle*, le *piano*, l'*orgue*, l'*harmo-*

nium, etc., *le chiffre ne leur convient pas du tout, qu'il est* ABSOLU-MENT MAUVAIS ; en un mot, *il adopte le principe de la portée pour l'instrument.*

D'autre part, M. Chevé reconnaît qu'il y aurait PEU DE CHOSE *à faire pour rendre* EXCELLENTS *les signes de la portée musicale.*

Tous les hommes impartiaux se demanderont s'il n'était pas plus simple à M. Chevé de faire ce *peu de chose*, devant rendre *excellente* une écriture musicale s'appliquant aussi bien *aux instruments qu'à la voix*, que de proposer un système nouveau, bouleversant tout, et qui n'est applicable, de son propre aveu, qu'à la musique vocale.

Mais cette application du chiffre à la musique vocale, que M. Chevé considère comme excellente, est précisément la chose reconnue impossible par tous les professeurs qui l'ont expérimentée sérieusement et patiemment, à Paris, dans les départements et en Allemagne.

Et en effet, Messieurs, la notation en chiffres qui écrit la musique toute en *ut*, ne peut s'accorder qu'avec une lecture toute en *ut*; et il est difficile de traduire en *ut* et impossible de lire *couramment*, un morceau de musique, ainsi traduit, dans lequel les modulations sont fréquentes et compliquées.

En résumé, la seule chose que M. Chevé préconise comme constituant la méthode de Galin, l'écriture en chiffres, est précisément une chose que Galin repoussait et qu'ont repoussée, à son imitation, tous ceux qui ont été, *de son aveu*, désignés pour continuer son enseignement ; tous ceux qui, après avoir commencé à pratiquer sous ses yeux, ont continué son enseignement après sa mort. Et d'un autre côté les résultats obtenus par MM. Paris et Chevé, pendant *trente-cinq* ans d'efforts inouïs, n'ont fait autre chose, comme vous l'avez vu, que de confirmer d'une façon manifeste la sagesse et la haute prévoyance des opinions émises par Rousseau, l'inventeur, par Galin et par ses continuateurs [1].

---

[1] Mais M. Aimé Paris se proclame lui-même continuateur de Galin, et le plus ferme défenseur de ses doctrines. Voici, en effet, ce que je trouve dans

§ 4.

Les expériences proposées par M. Chevé.

En présence des résultats de l'enseignemeut Chevé, dont la nullité est incontestable, y aurait-il quelque intérêt pour la *So-*

---

la *Réforme musicale* du 11 septembre 1864, sous la signature : *Aimé Paris.*

« J'avais été, malgré mon aptitude négative pour la pratique acceptable de la » musique *l'élève de prédilection de Galin*, qui avait compris que, malgré cette » infirmité de ma nature, je pourrais être un des plus fermes défenseurs de ses » doctrines.

» Je n'ai pas trompé son espoir... »

Je ne veux pas mettre en doute l'assertion si positive de M. Aimé Paris ; mais il faut convenir pourtant qu'elle parait peu d'accord avec les faits.

Galin meurt en 1822, laissant un testament où il désigne les continuateurs vraiment avoués par lui ; on y trouve le nom d' : Aimé... Lemoine. Mais d'*Aimé Paris*, pas un mot.

C'est un oubli, et *l'élève de prédilection* n'en va pas moins se hâter de remplir *la mission qu'il sait lui être dévolue. Aimé Paris* va commencer dès 1822, le professorat des doctrines de Galin... Point : cette mission toute de confiance est complétement mise en oubli pendant douze ans par M. Aimé Paris, qui commence seulement, en 1835, à ouvrir des cours de musique sous le patronage du nom de Galin (Chevé. *Préface* de la méthode, édition de 1864).

Mais sans doute ce professorat de M. Aimé Paris sera parfaitement conforme aux idées de Galin, et bien supérieur sous ce rapport à ceux des autres professeurs. Hélas ! non encore, et nous avons vu tout à l'heure que *Galin repoussait formellement l'écriture en chiffres*, et comme n'*étant pas dansl'analogie de ses idées*, et parce qu'*il introduisait naturellement l'élève aux notes ordinaires sur la portée* ; et parce qu'*il était facile*, selon lui, *de donner l'habitude de toutes les clefs en très-peu de temps ;* et parce qu'il lui paraissait *impossible d'écrire toute la musique en ut, comme le voulait Rousseau*, etc... Eh bien, c'est précisément le contrepied de ces prescriptions capitales et si positives de Galin, qui constitue l'enseignement de M. Aimé Paris, tandis que les continuateurs moins chéris du maître, restent sous ce rapport en parfaite conformité d'idées avec lui, continueront religieusement l'usage et l'emploi des exercices de la baguette sur le *Méloplaste* si spécialement préconisé et recommandé par Galin. M. Aimé Paris, au contraire, n'aura rien de plus pressé que de mettre au rebut le *grand ressort mécanique* de la méthode du maître. Ce nom même de Méloplaste, sous lequel était généralement connue et s'était propageé la méthode Galin, il évite avec soin de le prononcer ou de l'écrire, tant il a horreur de tout ce qui peut conduire l'élève à l'habitude et à la lecture de l'écriture sur portée. Et nous entendons cet *élève de prédilection qui ne devait pas tromper l'espoir du maître*, s'écrier dans une assemblée nombreuse (19 fév. 1861) en répondant à l'interpellation d'un éminent personnage : Non, M. le comte, PAS DE PORTÉE ; NOUS AVONS DÉCLARÉ LA GUERRE A LA PORTÉE, NOUS N'EN VOULONS PAS ! ! ! »

Si donc M. Aimé Paris était, comme il nous l'affirme aujourd'hui *l'élève de prédilection de Galin*, c'était incontestablement à un tout autre point de vue que comme professeur de son système d'enseignement de la musique.

ciété de l'instruction élémentaire à se rendre aux demandes qu'on lui fait avec tant d'insistance, pour qu'elle veuille bien assister à des séances d'expérimentation.

L'utilité de ces sortes de démarches a été contestée, avec beaucoup de raison, par diverses personnes, et je n'hésite pas à me ranger de leur avis, d'autant plus que je puis à l'avance vous indiquer, à coup sûr, ce qui résulterait de cette expérience.

Je professais la musique depuis 10 ans, je la pratiquais depuis 20 ans, quand j'assistai pour la première fois aux cours de M. Chevé, en juillet 1847 ; je fus surpris au dernier point, je fus enthousiasmé, je dois le dire, par ce que je vis ; je crus, de bonne foi, qu'il y avait là une merveilleuse découverte. Sous l'influence de cette pensée, je fis, pour m'éclairer ce qu'en pareil cas un musicien devait faire, après avoir suivi assidûment pendant une année les différents cours que professait M. Chevé, j'ouvris simultanément trois cours en chiffres, en juin 1848 ; je me livrai avec ardeur à ce mode d'enseignement, que je pratiquai ensuite pendant *neuf* ans, à l'entière satisfaction de M. Chevé, comme la lettre suivante va le démontrer.

Paris, 1er juillet 1851.

« Mon cher M. Collet,

» Je commence par m'excuser de ne vous avoir pas encore
» écrit ; en voici le motif : notre conseil de direction voulait
» écrire à votre digne maire, M. Libert, pour le remercier de son
» dévouement éclairé aux idées d'ordre et de progrès, et il n'a
» pu le faire qu'hier ; je ne voulais vous écrire qu'après lui.

» Merci, mon cher ami, de la réception toute sympathique que
» vous et vos braves élèves m'avez faite ; j'en ai été touché plus
» que je ne puis le dire, et je vous prie d'offrir à tous ces mes-
» sieurs l'expression de ma vive reconnaissance et de toute mon
» amitié ; oui, sans doute, ils sont tous nos frères, et nous serons
» toujours heureux quand une circonstance quelconque, soit
» chez vous, soit chez nous, réunira tous les membres de notre
» grande famille pacifique.

» Je vous félicite en particulier, mon cher M. Collet, des ré-

» sultats que vous avez obtenus ; connaissant la puissance des
» moyens, le zèle et l'habileté du professeur qui allait les mettre
» en œuvre, je n'avais jamais douté du succès, Mais enfin *j'ai vu,*
» *j'ai entendu, et* JE SUIS PLEINEMENT SATISFAIT. Merci à vous, merci
» à vos chaleureux élèves, merci à M. Libert.

» A vous, de tout cœur,

» E. CHEVÉ.

» Pardonnez mon griffonnage je n'ai que le temps de vous
» dire deux mots. »

Je ne doute pas, Messieurs, que si vous assistiez aux séances
d'expérimentation auxquelles on vous convie, vous ne dussiez
être éblouis comme je l'ai été moi-même ; et si vous étiez gens à
vous laisser emporter par cette première impression, la cause du
chiffre pourrait faire un grand pas dans votre esprit.

Mais ces brillants effets qui m'ont séduit ne se présenteraient
plus sans contre-poids ; vous savez, Messieurs, l'expérience in-
fructueuse que j'ai faite pendant longtemps et à la suite de laquelle j'ai dû revenir sur mes pas, sans y être forcé par aucun
motif autre que ma déception : vous avez sous les yeux l'expérience de tant d'autres qui ont fait comme moi, après des tentatives moins persistantes peut-être, mais non moins concluantes ;
vous connaissez enfin la nullité des résultats obtenus par ce travail de trente-cinq ans de la part de deux hommes d'une énergie
et d'une capacité hors ligne ; et, en présence de ces preuves si
nombreuses, si incontestables, vous ne vous laisseriez pas séduire
par les résultats d'une séance habilement et longuement pré-
parée.

§ 5.

Les défis portés par M. Chevé à tous les musiciens.

Il y a cependant une expérience qui pourrait être faite et qui
ne serait pas sans intérêt ; c'est celle que M. Chevé n'a cessé de
proposer, depuis 1844 jusqu'en 1859, époque où il la renouvela
en l'adressant à *tous les musiciens.* Permettez-moi de vous en dire

un mot; voici ce qu'on lit dans la *Gazette musicale* du 20 novembre 1859 :

« Nous offrons *à lui*[1] et *à tous ceux* qui sont avec lui ou pour
» lui, *l'occasion de dissiper toutes les incertitudes*, en acceptant à la
» fois et en public la démonstration scientifique et la preuve de
» fait. *Tous les gens de bon sens et de bonne foi penseront.* COMME NOUS,
» que *c'est le moyen d'arriver à la découverte* de la *vérité.*

» Qu'à son refus *se présentent les plus forts* parmi ceux qui
» peuvent l'avoir aidé ou qui partagent ses opinions relativement
» à nos doctrines ! NOUS SOMMES PRÊTS pour la double vérification
» dont voici le programme. » Suit un programme dont la lecture
ferait double emploi avec ce que j'ai à vous dire.

Dans sa *proposition d'un tournoi musical*, M. Chevé s'exprimait
ainsi (pages 5, 6, 7) : « Eh bien ! mettons de côté toute suscepti-
» bilité personnelle, plaçons-nous au point de vue élevé de la
» véritable science et de l'utilité publique et ouvrons un *tournoi*
» *musical*..... »

Ici M. Chevé formule encore son programme, puis il ajoute :
« Mais comme je crois que personne n'osera endosser, dans une
» discussion sérieuse et publique, la responsabilité des *traités*
» *d'harmonie*, de *contrepoint, etc., je crains* que ma proposition
» ne soit pas acceptée. — Je vais donc en formuler une seconde,
» moins *compromettante pour les opposants* et CELLE-CI je l'adresse
» A TOUS, *amis et* ENNEMIS, *savants et* NON SAVANTS..... Plein de
» foi dans les doctrines que je défends..... je propose :

» 1° A tous les membres de l'Institut qui s'occupent de mu-
» sique ;

» 2° A tous les professeurs du Conservatoire ;

» 3° A tous les compositeurs et artistes de Paris ;

» 4° A tous les professeurs particuliers ;

» 5° A tous les membres de la Commission du chant de la
» ville de Paris ;

» 6° En un mot, à toutes les personnes qui, par un motif

---

[1] Il est question ici du signataire de deux articles parus précédemment dans la
Gazette musicale.

» quelconque, s'intéressent à la vulgarisation de la musique;

» Je propose à toutes ces personnes de se réunir *quand, où* et
» *comme* elles le voudront, — mais dans un vaste local ouvert au
» public. — Là, un tableau de démonstration sera mis à ma dis-
» position, et cent places me seront réservées, etc., etc..... »

M. Chevé termine l'une de ces propositions par les phrases
suivantes :

« Si nos adversaires refusent ou *s'abstiennent*, tout homme de
» bon sens en tirera facilement la conséquence. »

« S'ils acceptent, — *et notre plus vif désir est qu'ils le fassent*
» *sans retard*, — la lutte sera calme et courtoise. Aucune place
» ne sera laissée aux ardeurs de la polémique dans cette lice où la
» science seule appellera ses champions.

» Ces vérifications, *si faciles à faire* dans un petit nombre de
» séances calmes et à portes ouvertes, *sont désirées*, nous en
» sommes certains, par tous les hommes sérieux et de bonne foi.

» Si nos adversaires sont convaincus de la bonté de leur cause
» et de la puissance générale de leurs moyens d'enseignement,
» qu'ils suivent notre exemple. Qui oserait affirmer qu'un jour
» n'arrivera pas où ils seront *obligés* d'accepter le parallèle ? »

§ 6.

Le défi de M. Chevé est accepté.

Pardonnez-moi, Messieurs, ces citations, mais il était utile
d'appeler votre attention sur ces *défis multipliés* (en réunissant
ceux de MM. Chevé et Paris, leur nombre s'élève à *soixante-huit*,
c'est M. Chevé, qui le dit dans son *Dernier mot de la science officielle*, page 155 ; il y en a eu d'autres depuis), pour expliquer et
justifier à vos yeux la proposition que j'ai cru moi-même devoir
faire à M. Chevé, en réponse à ses provocations, et un peu aussi
pour un autre motif dont je vais vous dire un mot.

Mécontent de ce que j'avais abandonné sa méthode, M. Chevé
n'a pas hésité à répandre partout, surtout parmi ses élèves, que :
J'étais un ingrat, que je lui devais tout ce que je savais en musique
et que je lui tournais le dos parce que je n'avais plus besoin de

lui. etc. (on peut, en lisant la page 12 de ma brochure de 1860. *Les retraites prudentes de M. le docteur Émile Chevé*, vérifier quel était celui de nous deux qui redevait à l'autre).

J'ai dû, pour faire tomber ces reproches. proposer à M. Chevé une expérience comparative, et vous venez de voir, Messieurs, que l'initiative de ces propositions NE M'APPARTIENT PAS. J'ai voulu que cette expérience fût organisée avec assez de soin pour mettre bien en évidence la valeur de la *nouvelle École* en tant qu'École *Paris-Chevé* contre celle de l'*ancienne routine* (style de M. Chevé), au point de vue de la *lecture de la musique* et de l'*harmonie*; et s'il était résulté de cette expérience que la *nouvelle École*, représentée par M. Chevé. eut subi les épreuves au moins aussi bien que la *Routine* dont je me déclarais le champion, on aurait eu le droit d'en conclure que M. Chevé avait bien pu m'apprendre le peu que je sais; mais s'il était arrivé, au contraire, que l'*École nouvelle* restât. dans toutes les épreuves, au-dessous de ce que pouvait faire la *routine*. personnifiée en moi, simple professeurdes Écoles communales. j'aurais eu, à mon tour. le droit d'en conclure : 1° Que M. Chevé ne m'a rien appris; 2° et surtout qu'il ne peut pas enseigner à ses élèves ce qu'il ne sait pas lui-même. ce que pourtant, il promet de leur apprendre. Enfin, si cette expérience était faite devant vous. Messieurs. vous seriez éclairés sur la valeur de la méthode qu'on vous présente comme une panacée merveilleuse.

N'oubliez pas. Messieurs. que c'est ce que M. Chevé *désire que l'on fasse sans retard :* n'oubliez pas que M. Chevé envisage la chose comme *vivement désirée par tous les hommes sérieux et de bonne foi ;* ce sont ses propres paroles.

Veuillez remarquer encore : 1° que dès 1844, un premier défi était adressé par M. Chevé à *tous les musiciens* page 23 de sa méthode. introduction); 2° que, depuis lors, ce défi a été reproduit soixante-huit fois, sous toutes les formes. et qu'il l'a été, notamment. dans des formes pour ainsi dire identiques avec ma proposition, dans la lettre de M. Chevé, insérée à la *Gazette musicale* du 20 novembre 1859. dont je viens de vous faire connaître les termes ; 3° que

ma proposition n'est qu'une réponse à cette dernière lettre de
M. Chevé, et lui est postérieure de *deux mois et demi* seulement (février 1860) ; 4° n'oubliez pas que ma proposition date
d'une époque antérieure aux contestations survenues depuis, entre M. Chevé et moi, et qu'il ne pouvait, conséquemment, invo-
quer la position dans laquelle nous nous sommes trouvés plus
tard placés vis-à-vis l'un de l'autre ; 5° enfin, que même aujour-
d'hui ces débats judiciaires ne pourraient être un obstacle à l'exécution du programme ci-après, puisque le tout peut se faire sans
que nous ayons, lui et moi, aucun contact ensemble. Et maintenant, permettez-moi de mettre sous vos yeux les termes de :

§ 7.

Mon acceptation des défis de M. Chevé.

Fontenay-aux-Roses, le 9 février 1860.

« Monsieur,

» Il me revient de divers côtés que, vous allez répétant partout
» que c'est à vous que je dois le peu que je sais en musique, et
» que j'ai mauvaise grâce à paraître repousser aujourd'hui votre
» enseignement, sans lequel je ne saurais diriger mes élèves ;
» vous ajoutez même que j'ai assez peu profité de vos le-
» çons, etc., etc.

» Il m'importe beaucoup, Monsieur, de faire tomber ces décla-
» mations, et de prouver au public que je ne suis peut-être pas
» tout à fait incapable de soutenir une lutte avec le grand pontife
» de la méthode en chiffres, dite Galin-Paris-Chevé.

» La proposition que je vais formuler ci-après devra, je pense,
» être accueillie avec une vive satisfaction par l'homme qui brûle
» du désir de montrer son savoir-faire au public, et qui se plaint
» depuis tant d'années de n'avoir jamais trouvé personne qui
» voulût accepter les défis qu'il a portés à tous.

» Mais, avant de vous donner le programme du concours, je
» dois en justifier les termes par des textes que j'emprunte à vous-
» même.

» Dans votre brochure intitulée : *Coup de grâce à la routine*, etc.,

» on lit à la page 29 cette interpellation : Monsieur Auber, savez-
» vous lire ?..... D'où il faut conclure que vous vous considérez
» vous-même comme sachant lire la musique au moins aussi bien
» que M. le directeur du Conservatoire.

» Je lis d'un autre côté le passage suivant, dans l'introduction
» publiée sous la date du 18 mars 1844, en tête de votre méthode,
» avec ce titre : *Pourquoi la musique est si peu répandue en France?*...
» Page 22 : *Notre confiance dans notre méthode est telle que nous*
» *proposons le concours suivant*, etc., etc. »

(Je reproduisais dans ma lettre le texte du programme de
M. Chevé, il est inutile de le répéter ici, on le retrouvera dans la
méthode de M. Chevé, à la page 22, et aussi dans ma brochure :
Retraites prudentes de M. le docteur Émile Chevé, page 3. Ce programme ferait double emploi avec celui déjà cité plus haut,
page 21 de cet opuscule).

Je continuais comme suit :

« Il n'y a certes nulle exagération à demander qu'aujourd'hui,
» en 1860, après seize ans de professorat continu, vous vous mon-
» triez capable de faire vous-même. Monsieur, ce que, il y a seize
» ans, vous déclariez pouvoir faire exécuter par neuf personnes
» sur dix, après huit à neuf mois d'étude seulement. »

(Ici, une *note* rappelait la dernière proposition de M. Chevé,
du 20 novembre 1859, à la *Gazette musicale*.)

« Je m'offre donc, moi, humble professeur de musique, pour
» subir concurremment avec vous (qui avez défié non-seulement
» M. Auber, mais encore toute la commission du chant de la ville
» de Paris), les épreuves mentionnées au programme ci-après,
» et qui toutes, sans exception, rentrent dans les données four-
» nies par vous *il y a seize ans*.

» Mettre ainsi les deux professeurs en face l'un de l'autre, c'est
» donner aux juges du concours et au public le moyen d'appré-
» cier directement le savoir des professeurs eux-mêmes, *indépen-*
» *damment du plus ou moins de bonne volonté ou de capacité des*
» *élèves;* c'est donc arriver au but par une voie plus directe et plus
» courte. Aussi, vous vous empresserez, je pense, de profiter de

» l'occasion que je vous offre de prouver la supériorité de votre
» méthode ; car elle doit agir également sur le maître et sur les
» élèves.

» Vous remarquerez, Monsieur, sans que j'aie besoin d'insister,
» l'importance des concessions que je fais à vos idées, en faisant
» entrer, dans le programme que j'ai l'honneur de vous proposer,
» des épreuves sur la *notation en chiffres*. »

PROGRAMME.

RÈGLEMENT.

« M. Émile Chevé déléguera l'un des professeurs de musique,
membres de son jury au concours de 1853.

» De mon côté, je déléguerai l'un des professeurs de musique
attachés au Conservatoire.

» Les deux délégués arrêteront ensemble la composition d'un
jury de douze musiciens, artistes ou amateurs, six pris sur une
liste fournie par M. Chevé et six sur la liste dressée par moi.

» Feront partie du jury définitif les deux délégués.

» Le jury ainsi constitué appellera, pour le présider, un musicien, artiste ou amateur, nommé à la majorité des trois quarts
des voix.

» Le jury fera le choix des morceaux d'expériences dont il
sera question dans la suite du programme.

» La séance d'expérience sera publique. Elle aura lieu dans
l'amphithéâtre de l'École de médecine (local dont dispose
M. Émile Chevé), un dimanche, à midi, à une date qui sera indiquée quinze jours d'avance par les journaux de musique et autres.

» Il sera fait un nombre de billets suffisant pour que les gra-
dins soient remplis ; la moitié du nombre des billets sera d'une
couleur et l'autre moitié sera d'une couleur différente. Les billets
seront partagés également entre les deux concurrents.

» Le président prélèvera, avant tout partage, un quinzième des
billets sur chacune des deux séries.

» L'estrade sera elle-même partagée en deux parties égales,

dont l'une appartiendra à M. Émile Chevé, et l'autre à son concurrent. Aucune personne ne pourra être admise que dans la partie de la salle affectée à la couleur du billet dont elle sera porteur.

» Toutes ces précautions ont pour but d'empêcher que l'un des concurrents puisse trouver moyen de faire envahir la salle par ses amis, de façon à expulser de fait, faute de place, les amis de l'autre concurrent.

EXPÉRIENCES.

1re *partie*. — SOLFÉGE.

» 1° Une leçon de solfége en *notation usuelle, avec changemenst de clef,* sera choisie par les membres du jury dans une réunion tenue une heure avant l'ouverture de la séance.

» Le sort désignera l'ordre dans lequel chaque concurrent sera appelé à subir *seul* chaque épreuve. Ils pourront, selon leur volonté, lire en *ut* ou dans la tonalité écrite.

» 2° Un morceau de *musique en chiffres,* avec modulations, choisi par le jury, sera exécuté successivement par *les deux* concurrents.

2e *partie*. — CHANT.

» 3° Chant *à première vue* d'un morceau avec paroles, en *notation usuelle,* avec changements de tons et de modes.

» 4° Chant *à première vue* d'un morceau avec paroles, *musique en chiffres,* avec modulations.

3e *partie*. — ÉCRITURE.

» 5° *Écrire sous la dictée* un air en notation usuelle en une seule opération, et dont chaque phrase sera répétée trois fois seulement par l'un des membres du jury.

» 6° Même expérience pour un air écrit en chiffres.

4e *partie*. — THÉORIE.

» 7° Exposition au tableau d'un point de théorie indiqué par le jury.

5ᵉ *partie.* — Harmonie.

» 8° Réalisation à quatre parties de l'harmonie indiquée par une basse chiffrée fournie par le jury.

» 9° Arrangement à quatre parties d'un chant donné, pour voix.

» 10° Arrangement en quatuor d'un motif donné, pour instruments (*ad libitum*).

« A la fin de chaque partie, M. le président du jury en procla-
» mera le *résultat motivé* pour chacun des concurrents.

» Tous les frais que pourra entraîner le concours seront à la
» charge du vaincu.

» Je m'engage à en faire les avances.

» Voilà, Monsieur, le concours que j'ai l'honneur de vous pro-
» poser, vous déclarant, en outre, que je suis prêt à ajouter à ce
» programme les expériences musicales qui vous paraîtraient
» utiles pour le rendre plus complet et que j'aurais oublié de faire
» entrer dans les articles qui précèdent.

» Agréez, Monsieur, mes salutations respectueuses.

» COLLET. »

Je tenais, Messieurs, à mettre sous vos yeux le texte *complet* de ma proposition de concours à M. Chevé, afin qu'il soit bien établi : 1° qu'elle ne s'éloigne en rien de celles qu'a formulées M. Chevé lui-même ; 2° que *la date* de cette proposition prouve qu'aucune contestation n'était survenue entre lui et moi, et que dès lors sa dignité n'avait rien à souffrir de notre rapprochement, en cette circonstance ; 3° enfin, qu'il était inexact d'attribuer le refus de M. Chevé aux termes *impolis* dont je m'étais servi dans la rédaction de ma lettre.

§ 8.

M. Chevé recule devant le concours qu'il a proposé lui-même.

M. Chevé n'a répondu à cette lettre, ni directement, ni indirectement, ni même par un mot quelconque inséré dans son organe officiel, *la Réforme musicale.*

Seulement, si l'on ne m'a pas trompé, M. Chevé aurait dit à quelques intimes, que j'étais bien orgueilleux d'oser me mesurer avec lui, que je cherchais à me donner de l'importance par le conflit que je soulevais, etc., etc.

Ces raisons ne sont pas sérieuses. M. Chevé n'avait-il pas adressé un *défi direct à M. Auber*, directeur du Conservatoire ? Y a-t-il plus de distance entre moi, professeur de musique attaché à l'enseignement municipal de la ville de Paris et M. Chevé, professeur de musique d'après la *Méthode Chevé*; qu'entre M. Chevé et M. Auber, compositeur de premier ordre et directeur du Conservatoire de Paris ?

N'étais-je pas aussi parfaitement compris dans l'une, au moins, de ces diverses catégories auxquelles il adressait expressément son *tournoi musical : « Je l'adresse à tous, amis et ennemis, savants « et non savants...; 4° à tous les professeurs particuliers...; 6° en « un mot à toutes les personnes qui, par un motif quelconque, s'in- « téressent à la vulgarisation de la musique ? »*

Il me semble d'ailleurs que, depuis longtemps, il est bien entendu, en France, que le savoir seul peut établir une distance sérieuse entre les hommes.

Or, je crois et j'affirme, à tort peut-être, que M. Chevé ne sait pas lire la musique; que M. Chevé ne sait pas les règles de l'harmonie; toutes choses qu'il prétend enseigner à ses élèves; et je soutiens tout cela contre M. Chevé, qui n'est pas ici un simple particulier ; il importerait fort peu, dans ce cas, qu'il sût ou ne sût pas la musique, cela ne regarderait que lui. Mais M. Chevé se présente comme professeur d'une méthode qu'il prétend merveilleuse et que j'accuse d'impuissance; il y a plus, M. Chevé, qui ne s'était pas occupé de musique avant d'avoir connu cette méthode, n'a pu apprendre la musique que par elle, s'il l'a apprise; il est donc bien l'incarnation vivante de cette méthode, et quand je dis à M. Chevé : Vous ne savez pas la musique, ce n'est pas lui personnellement que j'accuse, *c'est la méthode en chiffres.*

Enfin, M. Chevé s'est constitué non-seulement le professeur, mais encore le défenseur de cette *méthode* envers et contre tous ; M. Chevé ne peut donc refuser de venir combattre en champ clos pour établir la bonté de cette méthode, surtout après qu'il a lui-même si souvent, et dans des termes qui ne lui laissent aucun moyen de retraite, proposé ce combat comme la chose la plus simple et la plus « *facile à faire dans un petit nombre de séances* « *calmes et à portes ouvertes.* »

Il est évident qu'en refusant la lutte dans de pareilles circonstances, **M. Chevé avoue formellement l'impuissance de sa méthode**.

CONCLUSION.

En résumé, Messieurs, cette prétendue méthode qu'on vous propose est loin de réaliser une amélioration quelconque dans l'enseignement de la musique ; il n'y a donc pas lieu de s'y arrêter, et nous devons nous contenter de ce que nous avons, jusqu'à ce qu'il se soit produit quelque chose de *véritablement* préférable.

Permettez-moi, toutefois, Messieurs, de vous soumettre une idée dont vous pèserez la valeur.

S'il n'y a pas eu jusqu'à présent d'améliorations sérieuses dans l'enseignement de la musique, il ne s'ensuit pas qu'il soit impossible d'en trouver.

Ne vous paraîtrait-il pas utile et digne de la *Société* D'OUVRIR UN CONCOURS sur le moyen de simplifier cet enseignement, et, s'il y a lieu, *l'écriture musicale* elle-même ? Veuillez vous rappeler que, SELON M. CHEVÉ *lui-même* : « *Il y aurait* PEU DE CHOSE *à faire pour rendre* EXCELLENTS *les signes de la portée musicale.* » Je livre cette idée aux méditations de la *Société pour l'instruction élémentaire*[1]

---

[1] J'ai pris l'initiative d'un travail qui a pour but de rendre à notre écriture musicale la clarté que lui a enlevé l'usage d'*isoler* les *fractions* du temps pour la musique *vocale.* L'approbation des musiciens qui ont vu des partitions gravées (depuis 2 ans) de cette manière me fait croire que j'aurai des imitateurs.

Que les compositeurs se décident à écrire en *ut* (ou en *la*) les chœurs desti és

§ 9.

Les Problèmes de lecture présentés par MM. Paris et Chevé.

Il me reste maintenant à répondre à quelques objections faites par M. Paris, ou plutôt à quelques *défis de lecture musicale* portés, par lui, aux musiciens qui assistaient à votre précédente séance (3 juin 1862.)

Pour prouver que la *notation usuelle* est défectueuse. MM. Paris et Chevé ont imaginé un moyen bien simple ; il consiste à *défigurer cette écriture* de telle façon que la lecture en devient réellement impossible.

La notation usuelle arrangée par MM. Paris et Chevé. — Supposons, par exemple, un air écrit en *fa.* et commençant par les trois notes, *fa, ut, si b* ; M. Chevé de même que M. Paris , se gardera bien de le présenter ainsi écrit ; il sait que tout le monde le lirait facilement. Mais le *fa* sera donné sous la forme de *sol. double bémol* ; l'*ut*, sous celle de *ré double bémol* ; puis le *si b*, restera tel quel afin de créer une difficulté de plus. En effet, les deux premières notes doublement bémolisées, demandent, non un *si b*, mais un *ut double bémol* ; et comme, du moment où toutes les notes seraient bémolisées, ou *doublement* bémolisées ou diézées ou *doublement* diézées, il n'y aurait aucune difficulté, ces messieurs sentent la nécessité de détruire, pour l'œil, toute idée de relation propre à aider le sentiment de la tonalité, sans lequel la lecture devient impossible.

---

aux sociétés chorales, en ayant soin d'indiquer en tête du morceau le *ton* dans lequel il doit être exécuté, comme cela a lieu pour la musique en chiffres ;

Que l'*unité de temps* soit toujours exprimée par la *noire*, pour les mesures à division *binaire* et par la *noire pointée* pour les mesures à *division ternaire ;* ce qui réduira les formes de mesure à TROIS pour le binaire, $\frac{2}{4}, \frac{3}{4}, \frac{4}{4}$, et à TROIS pour le ternaire, $\frac{6}{8}, \frac{9}{8}, \frac{12}{8}$.

Qu'ils adoptent définitivement la *clef de sol*, pour écrire la partie de *basse*, comme ils l'ont fait pour les parties de *premiers* et *seconds* dessus et pour la partie de *ténor ;* parties qui s'écrivaient à l'aide des clefs d'*ut, première, troisième* et *quatrième* lignes ; et avec ces modifications. qui ne détruisent en rien le système de la *portée*, la *notation usuelle* aura acquis cette EXCELLENCE, que M. Chevé reconnaît très-facile à obtenir.

Que penseriez-vous, Messieurs, d'un homme qui, pour vous prouver que vous ne savez pas lire le français, vous présenterait des mots formés avec les lettres de l'alphabet choisies à dessein, ou bien tirées au hasard, et dont le résultat serait des mots comme ceux-ci : *nbigf, eshay, adlru, cjmiz, kpqoe?* Évidemment, vous diriez à cet homme : *Il est vrai, Monsieur, que vous n'employez que des signes connus et à l'usage de notre écriture ; mais ces signes sont soumis à un arrangement convenu, en rapport avec le génie de notre langue ; et ils n'ont plus aucun sens, s'ils ne forment pas des mots et des phrases connues, rappelant une idée quelconque à notre esprit.*

Le même procédé peut rendre illisible la musique en chiffres. Cette réponse, Messieurs, est précisément celle que peuvent faire tous les musiciens, pour les phrases musicales qui leur sont offertes, en toutes circonstances, par MM. Paris et Chevé. Et l'écriture *en chiffres* offrira les mêmes *impossibilités de lecture*, si on la présente dans les mêmes conditions ; je puis en donner la preuve à l'instant.

M. Paris, ici présent, accepte-t-il l'épreuve ? *Je le mets au défi, ainsi que tous ses élèves,* de lire un air que j'écrirai *en chiffres,* sur le tableau noir, dans les conditions que voici : je mettrai un *si dièse* pour un UT ; — un *ut bémol* pour un SI ; — un *ré double dièse* pour un MI ; un *mi double bémol* pour un RÉ, — etc., etc. ; allons, Messieurs, approchez, si vous vous sentez de force ? (Personne n'approcha !!) Vous le voyez, Messieurs, et cela devait être, parce que les *chiffres,* ainsi écrits sont tout aussi illisibles que les *notes* proposées par M. Paris, dans la séance du 3 juin.

Il en est de même pour les *durées;* MM. Paris et Chevé arrangent quelques mesures comme il est impossible d'en rencontrer jamais, par la raison bien simple que ces phrases n'auraient aucun sens et ne produiraient que *cacophonie.* La musique est faite pour plaire et non pour fatiguer ceux qui l'entendent. Mais toutefois, ces phrases pourraient être écrites en *notes,* d'une manière tout aussi *intelligible* qu'en chiffres par les artistes qui voudraient absolument de ces énormités dans leurs compositions.

il s'agirait tout simplement de les écrire comme elles devraient l'être, et non pas comme les présentent, pour le besoin de leur cause, MM. Paris et Chevé.

Galin, voulant démontrer que la musique est souvent *mal écrite* et non pas qu'il est impossible de la *bien écrire*, disait à ses élèves : « Les musiciens ne manquent pas des signes nécessaires
» à une bonne écriture, mais souvent ils les emploient de ma-
» nière à la rendre illisible; ils écrivent la musique comme était
» écrite cette inscription sur l'une des voies ascendantes de la
» butte Montmartre : CE STIC ILEC HE MIN AU XANES; cette ins-
» cription, quoique composée avec les signes convenables, est
» indéchiffrable, par le mauvais arrangement des signes, et il est
» difficile d'y reconnaître cette phrase, qui devient très-lisible
» dès qu'elle est écrite convenablement : C'EST ICI LE CHEMIN
» AUX ANES. »

Voilà, Messieurs, tout le secret de MM. Paris et Chevé pour défier les musiciens de lire la musique. C'est le même moyen qu'ils emploient pour dégoûter leurs élèves de l'écriture sur la portée : et voilà pourquoi ces élèves ont à cet égard une si grande répugnance, qu'ils ne sauront jamais la lire [1].

---

[1] Afin de ne laisser aucun doute sur l'exactitude de ce que j'avance, quant aux vandalismes commis à dessein, par MM. Paris et Chevé, en ce qui concerne la *notation usuelle*, je vais mettre sous les yeux des lecteurs une phrase musicale qui me fut envoyée (sans doute comme un défi de lecture), par M. A. Paris, le 6 avril 1862 ; cette phrase se trouve imprimée à l'encre bleue, sur la bande d'un numéro de la *Réforme musicale*, que M. Paris crut devoir me faire parvenir. J'ai conservé précieusement ce document portant la date sur le cachet de la poste dans la prévision de ce qui arrive aujourd'hui. Cette phrase *authentique* dissipera tous les soupçons qui pourraient naître sur mon exagération.

Voici la phrase de M. Aimé Paris :

Voici comment cette même phrase serait écrite par les musiciens :

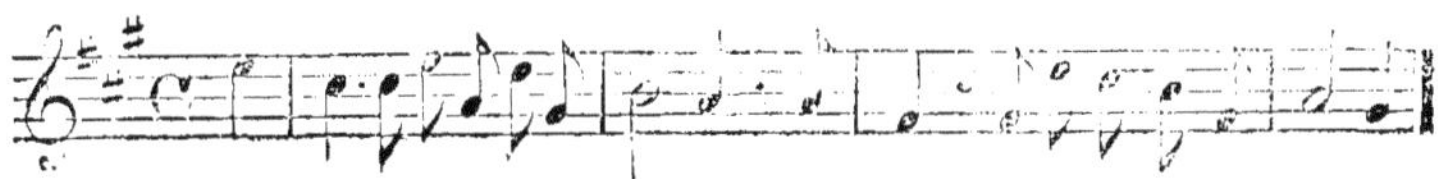

Voici comment on pourrait écrire plus clairement et plus simplement encore cette

Les élèves de M. Chevé ne savent pas lire la notation. — Je viens de vous dire que les élèves de M. Chevé ne savent pas lire la musique sur *portées*, quoique M. Paris ait devant vous, Messieurs, à l'aide de plusieurs expériences, tenté de vous prouver qu'ils savent la lire, et même *dans des conditions soit-disant fort difficiles.* Eh bien, faisons une expérimentation *sérieuse* sur ce point.

Je me contenterai, moi, de quelque chose de plus simple. J'ai ici, un chœur TRÈS-FACILE, à *trois parties;* j'ai un nombre d'exemplaires suffisant pour en rendre la lecture commode; que *trois* élèves de M. Chevé s'avancent; il est bien entendu que je récuse toute personne qui savait lire la musique ordinaire avant d'avoir suivi les cours de M. Chevé; je récuse, par exemple, le fils de M. Chevé, qui est artiste, qui touche l'*orgue harmonium* d'une façon remarquable, dit-on, et qui, nécessairement, doit connaître la *portée*, qui, enfin, est plus l'élève de MM. Delsarte, Elwart, etc., que de son père. Je récuse MM. C***, P***, V***, etc., pour des motifs analogues, puisqu'ils étaient musiciens avant de suivre les cours de M. Chevé. Je m'adresse à de *véritables* élèves des cours

---

phrase, en usant du privilége que possède la *portée* aussi bien que le *chiffre* de tout écrire en *ut.*

Je demande aux partisans du chiffre, si l'on peut considérer comme loyale une proposition de lecture comme celle du n° 1 ci-dessus, et s'ils accepteraient eux-mêmes, comme *défi,* une phrase en chiffres écrite ainsi qu'il suit :

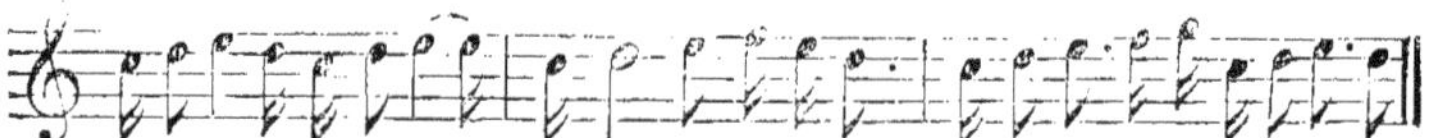

Ce dernier exemple n'est autre chose que la reproduction littérale, en chiffres, de la phrase énigmatique imaginée par M. Aimé Paris (Voir n° 1er).

Voici sous le rapport des *durées,* un *spécimen* de l'écriture de M. Chevé.

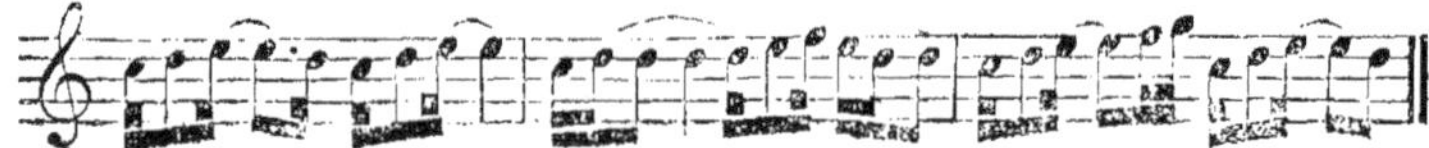

Voici les mêmes mesures écrites comme le feraient tous les musiciens ; toutefois, on pourrait encore les écrire plus clairement.

en chiffres... nés, et, sur ce point, je m'en rapporterai à leur bonne foi. Que *trois* d'entre eux s'avancent et lisent le *chœur* que j'ai là; il n'offre aucune difficulté sérieuse. *toutes les parties* sont écrites en *clef de sol*, sans *dièses* ni *bémols* à la clef, avec une *seule petite* modulation à la dominante; ce chœur, enfin, est composé pour les enfants des *écoles communales*, il est imprimé, — il n'a donc pas été fait pour la circonstance. *Si les élèves de M. Chevé chantent ce chœur*, je déclarerai franchement qu'ils savent réellement lire *la portée*. (Personne ne s'est présenté.)

Vous voyez, Messieurs, *que les élèves de M. Chevé reconnaissent eux-mêmes leur impuissance en matière de lecture musicale sur la portée.*

Voilà pourtant ces élèves du chiffre qu'on proclame partout comme : Capables de lire sur *toutes les clefs*, dans *tous les tons*, avec un nombre quelconque de *dièses* ou de *bémols*, avec des *modulations*, etc., *mieux que ne sauraient le faire tous les élèves, tous les professeurs et tous les directeurs de Conservatoires*, M. AUBER EN TÊTE....!!! [1].

Jugez, Messieurs, de la valeur de ces assertions si souvent répétées!

---

[1] « Entrez dans nos cours particuliers, » disait M. Chevé Appel au Pouvoir, page 68 , « et vous verrez de vos propres yeux, que nos élèves *n'ont besoin d'aucune traduction quelconque* pour lire la musique des grands maîtres, dans *quelque ton qu'elle soit écrite* et sur *quelque clef* que ce soit : nos élèves *lisent la portée* avec TOUTES LES ARMURES et sur TOUTES LES CLEFS. »

Pourquoi donc ces élèves, même les plus forts, ceux de la société chorale AMAND Chevé, les vieux *grognards* de l'école, comme les appelle M. Azévédo, *exigent-ils toujours* la traduction en chiffres des morceaux destinés aux épreuves de lecture à *première vue*, dans les concours où ils se présentent?.....

Et comme si ce n'était assez de l'échec subi par les élèves de M. Chevé devant la Société d'enseignement élémentaire (18 juin 1862), un autre échec plus grave, mais *public et retentissant* est venu frapper cette même école dans une séance solennelle, donnée par le Comité de patronage, 84, rue de Grenelle-Saint-Germain, le 5 juillet 1864, six semaines avant la mort de M. Chevé, lui présent.

Le professeur formé par lui, de l'École de la Faisanderie, a reculé pour ses élèves et pour lui-même, devant la traduction en chiffres et la lecture à première vue d'un morceau de douze mesures à deux parties, passant du ton d'*ut* majeur à celui de *la* bémol. Et pourtant les 180 sous-officiers et caporaux composant cette école avaient reçu 159 heures de leçons, ce qui représente plus de *seize mois d'étude* dans les écoles municipales de Paris.

— 54 —

M. Aimé Paris, présent à la séance, au milieu de nombreux partisans de ses doctrines musicales, **n'a pas trouvé un seul mot à répondre** à tout ce qui précède.

§ 10.

Supplément à la note lue dans la séance du 18 juin 1862.

LES ÉCONOMIES DE LA MUSIQUE EN CHIFFRES.

A la fin de la séance du 3 juin (1862), la troisième de celles que la *Société pour l'Instruction élémentaire* a bien voulu consacrer à l'audition de M. Aimé Paris, exposant les avantages qu'il trouve dans l'*écriture musicale en chiffres*, ce dernier termina ses explications par une proposition qu'il formula dans les termes suivants, ou à peu près : « L'écriture en chiffres n'eût-elle d'autre » avantage que l'économie considérable de papier et d'impression » qu'elle permet de réaliser, c'en serait assez pour lui mériter » la préférence sur la notation usuelle. » Depuis lors, si je suis bien informé, ce serait à cette dernière ressource que se rattacheraient les amis de la *nouvelle* méthode qui, pas plus que M. A. Paris, n'ont rien trouvé à répondre aux observations que j'ai eu l'honneur de soumettre à la Société dans la séance du 18 juin 1862. Et tout récemment encore dans le numéro de la *Réforme musicale*, paru le 7 décembre dernier, on trouve reproduite cette assertion de M. Chevé : « .... *rendre l'impression de la* » *musique à si bon marché que les classes les plus pauvres puissent* » *avoir leur bibliothèque musicale; faire connaître les chefs-d'œuvre* » *de MM. Auber, Caraffa, etc., à tous ceux qui, trop pauvres pour* » *acheter leur musique, pourront se la procurer lorsqu'elle sera re-* » *produite par le système de Galin* [1], *voilà ce que nous nous sommes* » *proposés.* »

Il est vrai que dans la séance du 18 juin je n'avais pas répondu

---

[1] Galin, nous l'avons dit, n'a jamais adopté ce mode d'écriture.

à cette objection qui m'avait paru n'en pas valoir la peine. Je vais le faire aujourd'hui, puisque mon silence a pu laisser croire que cet argument avait quelque valeur, et je vais faire voir qu'il repose sur des données erronées ou mal comprises.

Et d'abord, s'il est vrai, comme je crois l'avoir établi incontestablement, que l'écriture en chiffres est inapplicable, incomplète, mauvaise enfin, et qu'elle a été repoussée comme telle par ceux qui la connaissaient le mieux, J.-J. Rousseau qui l'a inventée, Galin qui l'a remise en lumière, Édouard Jue, et Aimé Lemoine, élèves et continuateurs de Galin, qui l'ont eux-mêmes longtemps pratiquée; si tout cela est vrai (et l'on se rappelle que M. Paris lui-même n'a pas trouvé un mot à répondre à ces objections), qu'importe alors que l'écriture en chiffres demande plus ou moins de papier, qu'elle coûte plus ou moins cher? C'est l'utilité d'une chose et non le prix vénal qui en fait la valeur. Si l'écriture en chiffres ne peut servir aux musiciens, on ne la rendra pas meilleure ni plus utile par cela seul qu'on la vendra moins cher; ne coûtât-elle que 1 pour 100 du prix de l'autre, elle sera toujours trop chère si elle ne peut servir à rien.

L'objection ainsi formulée ne mériterait donc aucune réponse. Mais admettons, pour un instant, que l'écriture en chiffres peut être utilisée comme la notation usuelle; qu'elle peut, au besoin, la remplacer, et voyons s'il est vrai qu'elle coûte beaucoup meilleur marché que la notation usuelle.

Pourquoi la musique ordinaire est chère?—La musique notée est, ou plutôt a été longtemps fort chère, c'est vrai : mais d'une part, en constatant ce fait, on s'est beaucoup plus préoccupé de ce qui se faisait que de ce qui pouvait se faire; d'une autre part, on n'a pas suffisamment fait attention aux conditions toutes spéciales dans lesquelles se sont trouvés, jusqu'à présent, les éditeurs de musique.

La musique était surtout un art de luxe à la portée des riches exclusivement; or, le nombre des riches est très-restreint, en France principalement, tandis que le nombre des compositeurs et éditeurs de musique est depuis longtemps très-considérable.

De là deux conséquences fâcheuses, mais inévitables : 1° chaque morceau de musique édité ne trouve qu'un petit nombre d'acheteurs ; 2° sur les rares exemplaires vendus, il faut que l'éditeur trouve le moyen de réaliser, d'abord le remboursement de la somme par lui payée au compositeur, ensuite le recouvrement de ses frais et déboursés d'édition, *planches*, *gravures*, *papier*, *annonces*, etc., et enfin un bénéfice raisonnable. Il faut donc que la musique soit chère si les éditeurs veulent faire leurs affaires honorablement.

Que le goût de la musique se propage, que les acheteurs se multiplient, et le prix des éditions baissera à mesure que la clientèle s'agrandira. Déjà cet effet commence à se produire pour un certain genre.

La musique chorale est déjà baissée de prix.—Le nombre toujours croissant des sociétés chorales populaires, en créant une clientèle nombreuse et une vente assurée pour la musique chorale, en a fait considérablement baisser le prix, et cette baisse se fera d'autant plus sentir que la vente prendra des proportions plus importantes.

Maintenant que j'ai exposé les causes générales du haut prix de la musique ordinaire, voyons s'il y a, dans les conditions matérielles de la publication des morceaux *écrits en chiffres*, quelques circonstances particulières qui puissent justifier, pour ce genre de musique, des économies que la *notation usuelle* ne pourrait pas réaliser.

La musique en chiffres exige plus de papier que l'autre.—J'ai pris une livraison du répertoire de la Société dite *Galin-Paris-Chevé*, publié par cette même société. Cette livraison contient seize pages grand in-8°, de musique en chiffres. C'est une des livraisons les plus chargées de notes (p. 49 à 64 du 1ᵉʳ volume) ; j'ai compté avec soin le nombre des *lignes*, des *mesures* et des *notes* contenues dans chaque page. Voici le résultat de ce travail. Le nombre de *lignes de musique* varie de 16 à 22, le nombre 22 ne se trouve que deux fois sur les 16 pages ; la moyenne est moins de 19 lignes. Le nombre *des notes* ou *signes* tenant lieu de notes, *points* ou *zéros*.

varie de 450 à 695; ce nombre de 695 n'est atteint qu'une fois sur les 16 pages; la moyenne est de 556 notes.

J'ai fait le même travail sur plusieurs morceaux de musique en notation ordinaire publiés par différents éditeurs. L'un de ces morceaux, en vente chez l'éditeur Lebeau, 4, rue Sainte-Anne, ayant pour titre : le *Soldat français* contient 4 pages, dont la *première* et la *dernière* sont *incomplètement* remplies. La *seconde* et la *troisième* pages contiennent chacune 21 *lignes* ou *portée* de musique; la seconde page contient 529 *notes* ou *signes*, et la troisième 561; la moyenne des pages est donc de 545 notes.

J'ai négligé, de part et d'autre, les *barres de mesure* et les signes d'expression.

La *hauteur* des pages est la même dans le répertoire Chevé et dans le morceau de l'éditeur Lebeau.

Mais dans le répertoire Chevé, les lignes ont 15 centimètres et demi de longueur, tandis qu'elles n'en ont que 14 dans la musique Lebeau. Si cet éditeur eût donné à ses lignes la même longueur de 15 centimètres et demi, il aurait pu faire entrer dans chaque page 58 notes de plus, ce qui aurait porté sa moyenne à 603 notes. Cette musique étant écrite très-largement, on aurait pu, sans aucun doute, serrer davantage les notes dans la longueur des lignes; il est facile de s'en convaincre en jetant les yeux sur ce morceau.

En restant même dans les limites de l'exemple que je cite, il n'y aurait nul avantage en faveur du répertoire en chiffres, puisque la moyenne, pour chaque page, est de 556 notes contre 545 chez Lebeau, c'est-à-dire 11 notes de plus par page, mais qu'à largeur égale, celui-ci serait arrivé à 603 notes, c'est-à-dire 47 notes de plus par pages pour la notation usuelle.

J'ai dit que pour la hauteur, elle était la même dans les deux publications.

Mais la publication en *notation usuelle* contient toujours *autant de lignes de paroles* que de *portées de musique*, soit vingt et une dans le morceau qui nous occupe.

Dans la publication *en chiffres*, il n'y a, en moyenne, que treize lignes de paroles contre dix-neuf lignes de musique, soit un tiers en moins.

Or, si dans la publication en notes on eût retranché un tiers des lignes de paroles, c'est-à-dire sept lignes par page, on aurait gagné 21 millimètres sur la hauteur de la page, c'est-à-dire la place de deux portées de musique avec paroles ou de trois portées de musique sans paroles. Or, trois lignes de musique établies conformément à l'exemple que nous avons sous les yeux, représenteraient 84 notes, qui jointes aux 603 déjà trouvées, donneraient pour la musique en *notation usuelle* 687 notes à la page, soit 131 de plus que le chiffre.

Voilà donc une différence de 131 notes par page à l'avantage de la *notation usuelle*; et, je le répète, la publication en notes qui me sert de point de comparaison est largement écrite, les syllabes des mots sont fort espacées, et il serait certainement possible de serrer davantage sans cesser d'être lisible.

Dans le répertoire Chevé, au contraire, la place est tellement restreinte que nous trouvons, à la page sixième, première livraison, cette note signée : *Aimé Paris, président de la commission de publication : « Les exigences de la typographie ont rendu quelquefois » nécessaire, pour les paroles, l'abréviation de quelques mots, que » complétera facilement l'intelligence du lecteur. Paris, le* 12 *no-» vembre* 1851. » Et pourtant le texte de ce répertoire est d'un caractère très-fin; il n'y aurait donc pas moyen de serrer davantage l'écriture en chiffres.

Mais la *notation usuelle* peut avoir encore à son service une ressource immense, comme économie de papier, ressource inaccessible à la *musique en chiffres*. Elle consiste à noter, comme cela se fait fréquemment en Allemagne, et plus rarement en France, deux parties différentes sur une même portée. La direction des queues des notes, en haut pour une partie, en bas pour l'autre, jointe à la position des notes elles-mêmes, fait facilement distinguer ces deux parties par les chanteurs qui ont un peu d'habitude.

Si l'on eût employé ce système pour le morceau de l'éditeur Lebeau, on aurait plus que doublé la matière sans augmenter l'espace, et il serait entré ainsi près de quatorze cents notes à la page.

Dans ces conditions, *une page* de musique notée équivaudrait à *plus de deux pages et demie* du répertoire Chevé.

La *notation usuelle* pourra donc, quand on voudra, obtenir une grande économie de place sur le *chiffre*, outre que celui-ci ne peut donner les parties d'orgue ou de piano, indispensables en certains cas, ce qui oblige alors les élèves du chiffre à acheter deux éditions (*chiffre* et *notation usuelle*).

Nouveaux prix de vente de la musique. — Voyons maintenant si nous ne trouverons pas, dans le commerce actuel de la musique, quelques prix qui viendront justifier ces calculs sur la contenance des pages à grandeur égale :

M. Lebeau, éditeur, rue Sainte-Anne, n° 4, — publie un journal de musique qui paraît tous les quinze jours au prix de 15 centimes (quinze centimes) la livraison. Or cette livraison contient seize pages grand in-8°, dont 8 à 12 de musique, soit en moyenne dix pages : on a donc, chez lui, *douze pages de musique pour quinze centimes*, sans compter *quatre* pages de texte en plus.

Dans le répertoire Chevé on paie 40 centimes (quarante centimes) la livraison de seize pages, soit 30 centimes pour douze pages, *juste le double du prix de la publication Lebeau*, et l'on n'a pas de texte en sus.

M. Chevé a publié en 1860 une nouvelle édition de ses *Exercices élémentaires de lecture musicale à l'usage des écoles primaires* ; 96 pages PETIT IN-8°, 2 *fr. 25 cartonné*.

Si nous retranchons les 25 centimes pour le cartonnage, nous aurons 96 pages de musique pour 2 fr., soit *24 pages pour 50 centimes*.

M. Perrotin éditeur, 41 rue Fontaine-Molière, a publié en 1864 une édition populaire *en notation usuelle*, des *exercices élémentaires de musique vocale indiqués par Galin* et ses successeurs. Cette publication qui contient 32 *pages de musique grand in-8°*, se donne pour *cinquantes centimes*.

Résumé.

MM.   Lebeau, 12 pages de musique (plus les
      pages de texte). . . . .   15 centimes.
      Chevé 16 pages de musique. . . . .   40 centimes.

Donc   (PORTÉE, 4 pages de musique.   5 centimes.
       (CHIFFRE, 4 pages de musique.   10 centimes.

MM.   Chevé, *Exercices élémentaires*, **24** pages.   **50** centimes.
      Perrotin, *Exercice élémentaires*, **32** pag.   **50** centimes.

Où donc est ce bon marché exceptionnel des publications en
chiffres? Cette ressource merveilleuse qui, selon M. Chevé, devait
permettre aux classes les plus pauvres d'avoir leur bibliothèque
musicale.

L'école Chevé, on le voit, leur fait payer le double de ce que
leur demande la notation usuelle. Voilà, on en conviendra, des
faits plus concluants et plus éloquents que tous les discours possibles.

Et pourtant l'éditeur de *musique ordinaire*, même de *musique
chorale*, ne peut presque jamais compter que sur un tirage restreint, parce qu'il a un *nombre considérable de concurrents*.

Et si l'on vient à demander à cet éditeur un nombre un peu
important du même morceau, il fait alors au client une réduction
considérable, même sur les *prix nets*; tous les professeurs obtien-
nent des remises qui s'élèvent de 70 à 90 pour 100 sur les prix
nets dès que la fourniture est de quelque importance; on peut
s'assurer du fait chez MM. Escudier, Lebeau, Vialon, etc., etc.

L'École Paris-Chevé se trouve dans des conditions beaucoup plus
favorables pour ses éditions: elle est seule, ou à peu près, à éditer
de la musique en chiffres, et comme la plupart de ses adhérents
ne savent lire que le chiffre, il faut absolument qu'ils viennent à
elle. Sa Société chorale compte, dit-on, trois cent quarante-trois
membres, et pour peu qu'il y ait quelques demandes de la part
des élèves des cours particuliers et de la part de quelques partisans de la province, on est toujours certain du placement d'un

mille, ou environ. L'École devrait donc pouvoir donner sa musique à un prix fort inférieur à celui des éditeurs de musique ordinaire ; et elle la vend *le double* on voit que l'amour des classes pauvres avait *heureusement* inspiré M. Chevé.....

J'ajoute que tout éditeur de musique doit payer des droits d'auteur qui souvent sont fort élevés, ce qui augmente nécessairement le prix de revient de la musique notée.

La Société Paris-Chevé, au contraire, n'a presque jamais de droits d'auteur à payer [1] ; les dépenses se réduisent donc pour elle aux *frais d'édition.*

Mais cette position exceptionnelle changerait s'il arrivait, par impossible, que le système vînt à se généraliser. Alors, en effet, les concurrences s'élèveraient de tous côtés, le placement se réduirait en proportion, et l'École, forcée de faire porter ses frais généraux sur une vente réduite à deux cents exemplaires et souvent à peine à la moitié de ce chiffre, se verrait dans la nécessité d'augmenter ses prix bien au delà de ceux de la musique usuelle, si elle voulait conserver les larges bénéfices que lui procure aujourd'hui son mode de publication.

Il est donc vrai, en définitive, que *l'économie attribuée* par MM. Paris et Chevé, et par leurs amis, *à la musique en chiffres n'a aucune réalité,* et que, là encore, *la musique en notation usuelle l'emporte beaucoup sur l'écriture musicale en chiffres.* Écriture que M. le docteur Chevé reconnaît lui-même impuissante pour la musique instrumentale, d'une part, tandis que, d'autre part, il avoue la supériorité de notre notation musicale également applicable au chant et à l'instrument, par cette phrase : « Il y aurait, du reste, PEU *de chose* à faire pour rendre *excellents* les signes de la portée musicale. » Phrase lumineuse que la Vérité, un jour, glissa sous sa plume.

COLLET,

Compositeur de musique, maître de chapelle, professeur de
l'Orphéon de la ville de Paris, etc.

Fontenay-aux-Roses, le 25 août 1865.

---

[1] Leur Recueil se compose presque exclusivement de morceaux empruntés au domaine public.

MA DÉCLARATION.

« Aujourd'hui, à Paris, ce mardi 29 mai 1821, à deux heures après midi, rue Louis-le-Grand, n° 3, où je demeure, sortant de la Bibliothèque royale (où je vais, depuis quelque temps, faire des recherches relatives à divers points de ma méthode d'enseignement de musique), je déclare ce qui suit :

» J'ai lu, hier lundi et aujourd'hui mardi, pour la première fois, l'ouvrage intéressant du savant abbé Lebeuf; cet ouvrage m'a fait le plus grand plaisir dès les premières pages, dont j'ai même transcrit quelque chose comme on vient de le voir. J'étais bien loin de m'attendre à ce que j'ai vu dans le premier chapitre de la deuxième partie intitulée : *Traité pratique*, etc. J'ai été frappé du dernier étonnement en voyant la base de ma méthode, le méloplaste, développée avec clarté et précision, et presque mot à mot, de la façon que je débute avec mes élèves. J'aurais cru volontiers que mes ennemis m'auraient joué ce tour pour rire à mes dépens ; mais enfin j'ai repris courage, et sans terminer cette lecture, j'ai pris la plume et l'ai transcrite fidèlement dans les six feuilles précédentes. C'est en écrivant seulement que j'ai aperçu des différences notables dans les développements de la méthode de l'abbé Lebeuf et de la mienne. Ainsi je reconnais qu'il a jeté les mêmes fondements que moi, mais qu'il n'a pas élevé un si haut édifice. Nous convenons parfaitement l'un et l'autre (*du moyen* [1]) dans le mécanisme à employer pour communiquer nos pensées à l'élève, excepté néanmoins qu'il veut que le maître chante et que l'élève l'imite (du moins dans les premières leçons), tandis que moi je rejette absolument ce principe. Mais nous différons essentiellement dans l'exposition des vérités musicales. L'abbé Lebeuf connaissant ces vérités, et pensant ne les avoir acquises que par *tradition*, les transmet à son élève sans discussion, sans examen ; ce sont des opinions qu'il lui dicte ; ainsi, dès le premier instant il

---

[1] Le mot est effacé dans le manuscrit.

pose sous les yeux de son élève une échelle de mots où la place
des semi-tons est marquée d'avance entre *ut si* et *fa mi*. Je con-
viens que son élève chantant sur cette échelle apprendra bientôt
et retiendra inévitablement ce fait ; mais le recevra-t-il comme un
fait d'observation, le répétera-t-il comme en étant convaincu?
Non, il lui suffira que le maître l'ait dit. Au lieu de dicter des
opinions à mon élève, je m'applique à lui faire découvrir des vérités. J'aimerais mieux qu'il ignorât toujours s'il y a des tierces
majeures et mineures, des quintes ou secondes *idem*, des accords
de deux ou trois espèces, etc., etc.. que de lui apprendre ces
choses-là de ma bouche. Il faut qu'il les trouve au bout de ma
baguette ; mon rôle est de les lui rendre visibles, mais non de
les voir pour lui. C'est par là que je diffère essentiellement de
l'abbé Lebeuf. C'est là que se montre ma méthode telle que l'aurait faite Condillac lui-même ; je suis la marche analytique telle que
Condillac nous l'a enseignée. Mais l'abbé Lebeuf ne s'est pas seulement douté qu'on pût appliquer Condillac à la musique. Il se
renferme dans le princcpe de la tradition du chant, de l'imitation. Qu'on lise le chapitre de mon ouvrage où je traite de la
*comparaison des intervalles par superposition, de la génération des
dièses et bémols...* etc., on y verra, à la lettre, des démonstrations
géométriques : je ne crains pas de le dire, nulle partie de phy-
sique ni de mathématiques n'a plus d'évidence que celle-là qui
n'a encore été traitée de cette manière par personne que je sache.
Tout homme de bonne foi qui lira ce chapitre, sera convaincu
que j'ai inventé le méloplaste de mon côté comme l'abbé Lebeuf
l'a inventé du sien. Tout homme de bonne foi qui m'a vu donner
mes leçons et diriger ma baguette ou *mes baguettes* (car j'en con-
duis deux sur le méloplaste pour former harmonie, (ce que ne
faisait point l'abbé Lebeuf), à travers les modulations les plus
compliquées de la musique, doit être convaincu que ce méloplaste est bien réellement de mon invention. On ne gouverne pas,
comme je me flatte de le faire, une machine qu'on n'a fait qu'en-
trevoir dans les livres. Tout homme de bonne foi, qui a observé
mon caractère dans le monde, doit être convaincu que j'ai décou-

vert loyalement ce que j'ai publié être ma découverte et que j'ai le cœur trop haut pour descendre à me parer du mérite d'autrui.

» L'abbé Lebeuf m'ôte un rayon de gloire aux yeux du monde, puisqu'il m'a précédé dans l'invention de ce singulier mécanisme, mais je déclare que je n'ai rien perdu à mes propres yeux, et que je jouis de la même satisfaction qu'avant de connaître son ouvrage; elle est toute dans la conviction où je suis que *j'ai inventé une chose utile* à mes semblables; je puis dire même qu'elle s'est accrue, et que je me dis aujourd'hui bien plus haut que je n'ai encore fait : Ma découverte est utile, elle est bonne, elle est excellente, puisque d'autres y avaient songé comme moi. C'est le privilége des bonnes choses d'être inventées plusieurs fois dans la suite des siècles. Les mauvaises n'ont point cette faveur, elles naissent et meurent sans retour.

» Si j'avais connu l'ouvrage que je cite avant de publier le mien, je l'aurais déclaré loyalement. Je ne l'ai connu qu'après, je le déclarerai de même. Mais j'ai des mesures à prendre pour conserver la portion de gloire que mes travaux m'ont acquise légitimement; il n'est pas juste que l'abbé Lebeuf, que personne ne connaissait avant que je l'eusse proclamé, en soit décoré à mon préjudice; c'est ce qui arriverait peut-être si je mettais trop de précipitation à annoncer ce que je viens d'apprendre. Qui sait même si je ne compromettrais pas de cette manière le sort de toute la méthode, et si l'abbé Lebeuf et moi ne rentrerions pas ensemble dans la nuit d'où nous sortons à peine? L'abbé Lebeuf est mort depuis longtemps, il peut prendre patience. Le plus pressé est de faire adopter la méthode, et voici l'arrangement que je lui propose : Nous avons des ennemis communs, qui sont ceux de la méthode et de la lumière; je suis seul à les combattre, je vais tâcher de les vaincre, s'il veut me laisser faire, après quoi je lui attribuerai la part de gloire à laquelle il a droit pour avoir tracé en partie les plans de cette campagne.

» GALIN. »

SAINT-DENIS. — TYPOGRAPHIE DE A. MOULIN.

Tou
ma
pou
feu
ce
Com
tout
mon
loy
Coeur

Ma déclaration
——————————

Aujourd'hui à Paris ce ~~mardi~~ 29 mai 1821, ~~à 2 heures après midi~~ rue Louis le grand N°3,
où je demeure, sortant de la Bibliothèque Royale (où je viens depuis
quelques tems faire des recherches relatives à divers points de ma
méthode d'enseignement de musique), je déclare ce qui suit :

J'ai lu hier lundi & aujourd'hui mardi, pour la première
fois l'ouvrage interessant du savant abbé Lebeuf, cet ouvrage
m'a fait le plus grand plaisir des les premières pages dont
j'ai même transcrit quelque chose comme on vient de le voir.
J'étois loin de m'attendre à ce que j'ai vu dans le 1er chapitre
de la 2de partie intitulé <u>traité pratique</u> &c. J'ai été frappé ou
dernier étonnement en voyant la base de ma méthode, le <u>méloplaste</u>,
~~enfin~~, développé avec clarté, précision, & presque mot à mot de la
façon que je débute avec mon élève. J'aurois cru volontiers
que mes ennemis m'auroient joué ce tour pr rire à mes dépens.
Mais enfin j'ai repris courage & sans terminer cette lecture, j'ai
pris la plume & l'ai transcrit fidélement & dans les six feuillets
précédentes. C'est en écrivant seul' que j'ai apperçu des
différences notables dans les développemens de la méthode de
l'abbé Lebeuf & de la mienne. Ainsi je reconnois qu'il a jetté
les mêmes fondemens que moi, mais qu'il n'a pas élevé un si
haut édifice.

C'est par là que je diffère essentiell't de l'abbé Lebeuf, c'est là
que je montre ma méthode telle que l'auroit faite Condillac lui même.
je suis la marche analytique telle que Condillac nous l'enseigne. mais
l'abbé Lebeuf ne s'est pas seul' douté qu'on put appliquer Condillac à la musique.
Il se renferme dans le principe de la tradition du chant, de l'imitation.
qu'on lise le 4e chap. de mon ouvrage où je traite de la <u>comparaison</u>
des intervalles par superposition, ... de la génération des dièses ...
... on y verra des démonstrations géométriques ...
... de math. n'a plus d'évidence que celle là qui
n'a encore été traitée de cette manière par personne que je sache. Tout
homme de bonne foi qui lira ce chapitre sera convaincu que j'ai
... de mon côté comme l'abbé Lebeuf l'a inventé de son

Tout homme de bonne foi qui me [illegible] donnera [illegible] d'[illegible] ma baguette ou mon [illegible] s'en [illegible] conduit dans [illegible] le [illegible] pour former l'harmonie, se [illegible] à [illegible] à travers les méditations les plus compliquées de la m[illegible], [illegible] convaincu que ce métaplaste est bien réellement de mon invention. on ne [illegible] pas comme je me flatte de le faire une machine qu'on [illegible] [illegible] en [illegible] les livres. Tout homme de bonne foi qui observe mon caractère dans le monde, [illegible] convaincu que j'ai découvert [illegible] loyalement [illegible] ce que j'ai publié [illegible] être [illegible] ma découverte & que j'ai le cœur trop haut pour descendre à me parer du mérite d'autrui.

Si j'avois connu l'ouvrage que je cite avant de publier le mien, je l'aurois déclaré loyalement. Je ne l'ai connu qu'après, je le déclarerai de même.

L'abbé Nollet est mort [illegible] depuis longtems, il peut prendre patience. [illegible] le plus pressé est de faire adopter la méthode, & voici l'arrang[ement] que je lui propose : nous avons un ennemis communs qui sont ceux de la méthode & de la lumière ; je suis seul à les combattre & je vais tâcher de les vaincre, s'il veut me laisser faire, après quoi je lui attribuerai la part de gloire à laquelle il a droit pour avoir tracé en partie les plans de cette campagne.